Anonymus

Hirtenbrief des H. H. Bischofs von Speyer

Anonymus

Hirtenbrief des H. H. Bischofs von Speyer

ISBN/EAN: 9783743336643

Hergestellt in Europa, USA, Kanada, Australien, Japan

Cover: Foto ©Thomas Meinert / pixelio.de

Manufactured and distributed by brebook publishing software (www.brebook.com)

Anonymus

Hirtenbrief des H. H. Bischofs von Speyer

Die
christliche Feinde

Hirtenbrief

des

Hochwürdigsten Herrn Bischofs

für

die heilige Fasten

Speyer

..anzbühler.

Nicolaus,

durch Gottes Barmherzigkeit und des Apostolischen Stuhles Gnade Bischof von Speyer,

allen Geistlichen und Gläubigen der Diöcese Gruß und Segen in unserm Herrn Jesus Christus.

Glaube, Hoffnung, Liebe! Wunderbar und gnadenreich sind diese drei göttlichen Tugenden, in welchen die Wurzel, das Wachsthum und die Frucht zur Vollendung unseres Lebens in Gott besteht. Der Glaube an Gott gibt uns alle rechte Kenntniß von Gott und gestaltet unser ganzes Denken, Wollen und Thun so, daß ein Gott wohlgefälliges Leben in uns aufgehe und sich entfalte. Die Hoffnung enthält das Unterpfand, welches uns Niemand anders als der heilige Geist selbst verleiht, daß an uns die Verheißung Jesu Christi in Erfüllung gehe, die wir für das zeitliche und ewige Leben haben. Hoffnung und Glaube, die uns eingegossen sind vom Vater im Himmel durch den Sohn, unsern gottmenschlichen Heiland, im verheißenen und gesendeten heil. Geiste, stützen sich gegenseitig, um sich zu vervollkommnen; sie sind die unentbehrlichsten Begleiter durch das irdische Pilgerleben zu unserm ewigen Ziele. Aber so göttlich sie sind, und so ausschließlich sie auf den Himmel hinzielen, sie gehören dennoch ausschließlich der irdischen Vorbereitung an; denn im Himmel gehen Glauben und Hoffen über in Schauen und Genießen. Größer als beide, wie der Apostel sagt. (1. Cor. 13, 13), ist die Liebe. Der Jünger der Liebe hat ihr Geheimniß angedeutet, da er schreibt (1, Joh. 4, 8): **Gott ist die Liebe.** Dadurch will er uns lehren, daß Gottes Wesen selbst Liebe ist. Darum ist auch die Liebe die höchste Gabe und Tugend, erhaben über den Glauben und über die Hoffnung. Was sie ist und wo sie ist und wie sie wirkt, das ist und vollbringt sie aus Gottes Wesen. Die Liebe hat ihren Ursprung in und aus Gott, durch sie wohnt Gott in uns, mit ihr sind wir stetig in Gott. Wer liebt, ist aus Gott geboren, das versichert uns der heil. Johannes (1. Joh. 4, 7). Und dem fügt er bei (Ebend. V. 12): Wenn wir einander lieben, so bleibt Gott in uns, und seine Liebe ist in uns vollkommen. Wohnt aber so in uns die Liebe Gottes, dann geht an uns in Erfüllung, was der Heiland verheißt (Joh. 14, 23): Wer mich liebt, der wird mein Wort halten, und mein Vater wird ihn lieben, und wir werden zu ihm kommen und Wohnung bei ihm nehmen. O glückselig wir, wenn der Sohn mit dem Vater durch den heil. Geist in uns wohnt mit der ewigen Liebe, die uns hinübergeleitet in die himmlischen Wohnungen der Auserwählten!

Es gibt, wie wir in den Aussprüchen des göttlichen Wortes angedeutet haben, eine Gottesliebe und eine Nächstenliebe. Von der himmlischen Gottesliebe erfüllt, suchen wir das höchste Gut, den Frieden, die Seligkeit in Gott. Um diese Gottesliebe zu gewinnen und zu bewahren, wer wird nicht ganz und ungetheilt Gott sich widmen und weihen und ihm Alles opfern, auf daß er des höchsten Gutes theilhaftig werde und bleibe! Die Nächstenliebe aber umfaßt Alles, was mit uns eine und dieselbe Natur trägt, was nach Gottes Ebenbild und Gleichniß erschaffen ist, alle Menschen, die in Jesu Christo durch die Gnade der Erlösung in die Kindschaft Gottes und in die Gemeinschaft der Gnade und Wahrheit aufgenommen sind, oder doch dieses unendlichen Verdienstes theilhaftig werden sollen; denn so sehr hat Gott die Welt geliebt, daß er seinen eingeborenen Sohn gesandt hat, damit wer an ihn glaube nicht verloren gehe, sondern das ewige Leben habe. Ueber diese göttliche Liebe und ihre Verzweigung nach dem Himmel und auf der Erde, haben wir in früheren Fastenbetrachtungen uns zu belehren gesucht, damit sich in uns die Gottesliebe und die Nächstenliebe mehr und mehr vollenden. Eine sehr wichtige Beziehung der christlichen Nächstenliebe ist uns indeß noch übrig geblieben, nämlich die **Feindesliebe**, die wir für die kommende heil. Fastenzeit insbesondere beherzigen wollen.

Und in der That, wenn ich in früheren Hirtenbriefen die göttliche Tugend des Glaubens gegen das satanische Laster des Unglaubens, wenn ich die göttliche Tugend der Hoffnung gegen die Gräuel der satanischen Verzweiflung, wenn ich die göttliche Tugend der Liebe zu Gott und dem Nächsten gegen den satanischen Haß der im Argen liegenden Welt euerer ernstesten Beherzigung und treuesten Uebung mit allem Ernste und inständiger Ermahnung anzuempfehlen suchte, da ihr, Geliebte im Herrn, in diesen Tugenden allein Trost und Heil für euere Seele schon in der Zeit, aber auch nur in ihnen Rettung in der Ewigkeit finden könnt: so ist es gleichfalls eine Verpflichtung, auch die Feindesliebe eingänglich zu betrachten, und es ist an der Zeit, dieß um so allseitiger zu thun, als gerade in unseren Tagen der Ausspruch des Heilandes (Matth. 24, 12) vielfach sich erfüllt, daß, weil die Ruchlosigkeit zunimmt, die Liebe Vieler erkalten werde. Wo aber die Liebe erkaltet, da entflammt sich Haß, Feindschaft, Verfolgung, Krieg mit allen aus dem Abfall von Gott und seiner heil. Heilsordnung hervorgehenden verderblichen Folgen.

I. Wir wollen uns nun, Geliebte im Herrn, klar zu werden suchen, **woher der Feindeshaß entsteht.** Der Feindeshaß und die Feindesliebe stehen sich entgegen wie Tod und Leben. Wer nicht liebt, sagt der heil. Johannes (1. Joh. 14, 15) bleibt im Tode. Jeder,

der seinen Bruder haßt, ist ein Mörder. Es ist schon der Tod der Seele, wenn die Liebe im Menschenherzen so ausgelöscht ist, daß der Haß in ihr erglühet. Wenn aber die Seele — weil ohne Liebe zu Gott, oder vielmehr weil im Haß gegen Gott — das geistige Leben verloren hat, um wie viel mehr muß dann alle Liebe zum Mitmenschen in solchen Herzen ertödtet sein, und dagegen der unheilvollste Haß, und mit diesem der geistige Tod die Seele umstricken? Der Haß beginnt also da, wo die Liebe aufhört, wie das Reich des Todes da anfängt, wo das Leben geschwunden ist. Der vollendete Feindeshaß hat seinen tiefsten Grund in dem völligen Mangel der Gottesliebe, die zugleich Nächstenliebe ist. Durch die Sünde hatte der Mensch schon im Paradiese das Band der Liebe zerrissen, welches ihn mit Gott einigte, und verfiel so dem Tode der Seele. Wie hat diese Auslöschung der göttlichen Liebesgluth auch bald zerstörend in dem Menschengeschlechte gewirkt! Unsere Stammmutter, nachdem sie in Mißtrauen, in Unglauben und Empörung das Gebot Gottes im Paradiese übertreten hatte, verleitete auch unsern Stammvater zu gleichem Frevel. Und Adam beschuldigte dann seiner Seits das ihm von Gott gegebene Weib als die Verführerin zur Sünde. Wie bald war mit der Liebe zu Gott auch die Liebe zum Mitmenschen ertödtet! Diese schreckbare Verschuldung verbreitet sich von dort aus in immer größerer Verfeindung und stets steigender Selbstsucht im Menschengeschlechte. Der gräuliche Brudermord, den Kain an Abel beging, trägt das blutige Gepräge der Lieblosigkeit gegen Gott und des Hasses gegen den Bruder durch die Jahrtausende der von Gott abgefallenen Menschheit. Der Mensch, der von Natur und durch Gottes Gebot angewiesen ist zu lieben, vergiftet mit Haß und Feindschaft alle Kräfte seiner Seele und verbreitet in ihrer Verwilderung und Verfinsterung den Krieg in Gesinnung, in Wort und Werk nach Außen gegen Jeden, der ihm irgendwie entgegensteht. Der

Feindeshaß erregt und führt Krieg durch das Wort der übeln Nachrede, der Lästerung, der Lüge und der Verläumdung; Krieg durch Verfolgung, durch Bedrückung, durch Verkümmerung des Lebens in Leib und Seele; Krieg durch Beleidigung dessen, was uns das Heiligste ist, was unser Glück, unsere Wohlfahrt ausmacht, was die frömmsten Gefühle verletzt und das Theuerste zerstört. Das ist die Feindschaft des Menschen, die in tausend Gestalten mit ihren unseligen Folgen gleich einem Sturme Alles verwüstet, ein unsäglich verderbliches Uebel, wenn ihm nicht durch die Feindesliebe Einhalt gethan wird! Das Gebot der Feindesliebe finden wir aber nirgends unter den vorchristlichen Völkern. In Abgötterei versunken, wie die Heiden waren, blieb ihnen auch die wahre Liebe, wie das Evangelium sie uns lehrt, unbekannt, wie Gott; und sie beschränkten wie ihre Götter, so auch ihre Liebe nur auf ihren Volksstamm. Darum stand Volk gegen Volk, und Fremde gegen Fremde, als Feinde sich gegenüber, und verfolgten sich häufig in blutigem Hasse bis zur Vertilgung. Selbst das Volk, welchem Gott seine Offenbarung im alten Bunde anvertraute, und dem das Gebot gegeben war: Du sollst Gott deinen Herrn aus deinem ganzen Herzen lieben, und deinen Nächsten wie dich selbst; dieses Volk vermeinte dem Gebote der Nächstenliebe zu genügen, wenn nur Diejenigen es liebe, welche von Abraham abstammten und zu Jerusalem ihre Opfer darbrachten: dagegen dürfe es jeden Andern, der nicht durch die Gemeinschaft des Blutes oder des Opferaltars mit ihm in Eins verbunden war, als Auswärtigen, Fremden und Feind hassen. Darum sprach der Heiland ausdrücklich (Matth. 5, 43, 44): Ihr habt gehört, daß gesagt worden: Liebe deinen Nächsten, und hasse deinen Feind. Ich aber sage euch: liebet euere Feinde; thuet Gutes denen, die euch hassen, und betet für die, welche euch verfolgen und verlästern.

Die Völker und die einzelnen Menschen, welche außer dem Umfange des Christenthums stehen, zeigen in Gesinnung, Wort und That, daß sie keine Feindesliebe kennen, keine Feindesliebe üben. Welcher Nation solche Menschen auch angehören, welche Religion und Bildung sie auch haben, sie halten es für erlaubt und für gerecht, Gleiches mit Gleichem zu erwiedern, gegen die Feindseligen ihr Herz abzuschließen, die Verfolger mit gleichen Waffen zu bekämpfen, und die gefährlich oder schädlich sind, mit allen Mitteln der Klugheit und Gewalt unschädlich zu machen. Die Weisheit der Welt behauptet sogar, dieses Verfahren sei begründet in dem Naturrecht, ja es sei eine persönliche Pflicht gegen sich selbst, welcher der Mensch sich nicht entziehen könne. Müssen wir nicht oft in unsern Tagen, soweit die altheidnische Denkweise in Schriften, Reden und Handlungen wieder hervorbricht, das christliche Gebot der Feindesliebe als eine ungerechtfertigte, vernunftwidrige und den Menschenrechten zuwiderlaufende Lehre bekämpft und verurtheilt hören?

Darf es uns daher befremden, wenn wir, ungeachtet der Anpreisungen unserer Bildung, unserer Fortschritte, unserer Freiheitsbestrebungen und unserer hochgerühmten Aufklärung, welche sich gegen Gott und seinen Gesalbten, gegen die Kirche, ihre Heilslehren und Heilsgnaden frevelhaft erhebt; darf es uns befremden, wenn wir hören und sehen müssen, daß die Erbitterungen und Feindschaften der Völker, der Staaten, der Länder und Städte sich vermehren und steigern bis zu den blutigsten Kriegen, bis zur Unterdrückung und Vertilgung? Woher anders aber kommen diese schrecklichen Erscheinungen, welche, wenn auch zeitweise niedergehalten, immer wieder mit blutigen Häuptern sich erheben und verheerend über die Erde die Todesschatten verbreiten; woher anders kommen diese Erscheinungen, als daß der göttliche Friedensfürst und sein Gottesreich in Ausbreitung des himmlischen Gnadensegens gehemmt und dem Geiste, welcher der Mörder von Anbeginn ist, ein verderblicher Einfluß gewährt wird? Verderblicher aber noch wird dieser Feindeshaß, wenn sogar das Heiligste zu dessen Entzündung und Sättigung mißbraucht wird. Dieses geschieht, wenn der Religion wegen Feindschaft erweckt und verbreitet wird, und um des Glaubens willen Menschen gegen einander zu Haß und Verfolgung aufgestachelt werden. Unser Heiland ist allerdings gekommen, und hat Feuer in die Welt ausgestreut, und was will er anders, als daß es brenne. Dieses ist aber nicht das Feuer des Hasses und der Feindschaft, sondern das des Eifers und der Liebe. Von diesem Feuer sollen Alle, die ihm angehören wollen, durchglüht sein. So war einst Paulus von diesem Feuer durchglüht, als er für seine Stammgenossen, die Juden, welche die Heilsbotschaft in Jesu Christo nicht annehmen wollten, wünschte sein Leben hinzugeben, ja für sie bereit war, selbst verworfen zu werden, wenn er sie nur Christo gewinnen könnte. Jesus Christus hat das Schwert gebracht, und er will trennen, aber nur da trennen, wo Hindernisse der Rettung entgegenstehen. Er will entzweien den Sohn mit seinem Vater, die Tochter mit ihrer Mutter und des Sohnes Frau mit ihres Mannes Mutter (Matth. 10, 35) nicht um in Feindschaft und Haß sie auseinander zu halten, sondern um das zu entfernen, was der Rettung für das Heil in Gott, was der Auserwählung zur göttlichen Kindschaft, was der Theilnahme am himmlischen Erbe entgegensteht. Nie und nimmer dürfen wir unsere Mitmenschen verachten, oder gar hassen und in Feindschaft mit ihnen leben. Das aber sollen wir an ihnen fliehen, von uns fern halten, was unserem Heile in Jesu Christo verderblich ist; das an unsern Mitmenschen zum Bessern wenden, was in Irrthum und Sünde ihnen und auch uns, wofern wir dessen uns theilhaftig machten, zum Nachtheile gereicht. Bei solcher christlichen Gesinnung wird es auch nicht dem verkehrten oder unerleuchteten Menschen gelingen,

Religionshaß unter Mitmenschen, Mitchristen zu verbreiten, oder gar zu verderblichen Flammen anzuschüren, und dadurch seine Gott und den Menschen verhaßten Absichten zu erreichen, Abneigung, Feindschaft zwischen Mitmenschen und Mitchristen zu verbreiten. Den Irrthum, die Lüge, die Sünde verurtheilt und verdammt die Kirche, das Urtheil aber über den irrenden und sündhaften Menschen überläßt sie Gott, der allein Herzen und Nieren prüfen kann, und dem der Knecht steht und fällt.

II. In unserer Erdenpilgerschaft müssen wir jedoch stets auf unserer Huth sein, um nicht durch **erheuchelte Freundschaft und Liebe**, die nichts anderes ist als Feindschaft und Haß, getäuscht und ins Verderben gestürzt zu werden. Hören und lesen wir nicht oft von Menschen- und Bruderliebe, von Bildung und Fortschritt in schönen Worten und glatten Redensarten? Wird nicht Vieles gesprochen und versprochen über Beglückung der Völker, über Freiheit und Gleichheit unter den Menschen als Brüdern? Allein statt der Nächstenliebe erfahren wir nicht selten niedere Selbstsucht, statt der Feindesliebe blutige Rachsucht. Die Ungläubigen, die in ihrem Herzen sagen: Es ist kein Gott, die Ungläubigen, die mit ihren Grundsätzen, welche den Menschen zum Thiere herabwürdigen, die menschliche Gesellschaft vergiften, sie sind die wahren Feinde der Liebe Gottes und der Liebe zu dem Nächsten. Sie rotten, so viel ihnen möglich, jede Liebe zu Gott aus in den Herzen, und, selber Gott läugnend, erkennen sie auch in dem Nächsten nicht mehr ein Kind Gottes, sondern erniedrigen ihn tief unter ihre eigene vermeintliche Herrlichkeit. Und da sie vor Jesu Christo, dem göttlichen Weltheilande, nicht mehr das Knie beugen wollen, so sind sie um so weniger geneigt, um seinetwillen die Brüder, die erlösten Menschenkinder, zu lieben. Ja gewiß! Wenn diesen Unseligen ihre Pläne gelängen, wenn es möglich wäre, die christliche Welt von

Gott, von Christus, von der Kirche gänzlich loszureißen; diese Welt müßte gleich dem Satan, unter dessen Gewalt sie dann wieder zurücksinken würde, mit Haß, Feindschaft, Zerstörung und Mord erfüllt werden, wie die Geschichte sie uns vielfach außerhalb des Christenthums schauen läßt.

Nicht selten fällt aber die Larve, welche jene angeblichen Beglücker der Menschheit vorzuhalten pflegen, und der Haß gegen Gott, gegen das Christenthum, gegen die Kirche tritt unverhüllt hervor. Hat nicht schon der Heiland zu seinen Jüngern gesagt (Joh. 15, 18): **Wenn die Welt euch haßt, so wisset, daß sie mich zuerst gehaßt hat.** Die Welt hat den Heiland gehaßt, weil er der Welt und ihrem Fürsten entgegensteht, und weil er die Welt und ihren Fürsten überwunden hat. Wird wohl die Welt nicht auch uns hassen, weil wir nicht von der Welt sind, und nicht mit der Welt das lieben, was sie liebt, und das hassen, was sie haßt? Dieser Haß und diese Feindschaft der Welt hat Christum, unser Haupt, als er auf Erden wandelte, verfolgt und an das Kreuz geschlagen. Und in unsern Tagen wiederum hat dieser Haß, hat diese Feindschaft sich zur unbändigsten Verfolgungswuth gesteigert. Um uns christlich zurechtzufinden in dieser Welt des Unrechts, der Feindseligkeit, der Verfolgung und des Unfriedens, dürfen wir nie vergessen, daß seit der Vertreibung aus dem Paradiese Feindschaft besteht zwischen der Schlange und dem Weibe, zwischen dem Lügner von Anbeginn und der Verkündigung der Wahrheit, zwischen den Kindern der Welt, die im Argen liegt, und zwischen denen, die von der Welt auserwählt sind und in Jesu Christo ihr Heil suchen. Jener böse Engel, der gegen Gott sich empört hat, und sein Anhang, haben eine große Wirksamkeit auf der Erde; und wie sie voll der Feindseligkeit gegen Gott und was Gott gehört und mit Gott zur ewigen Seligkeit vereinigt werden soll, von Anbeginn sich erwiesen; so bethätigen sie sich fortwährend in den

Kindern des Unglaubens, wie der heil. Paulus schreibt (Eph. 2, 2). Daher kommt es, daß, je wie der Geist der Lüge mehr oder weniger Einfluß im Großen oder im Kleinen erlangt, so auch seine Werke in mannigfacher Bosheit und Verkehrtheit zu Tage treten. Daher kommt das verderbliche Partheigetriebe, die bittere Rachsucht, die schmähliche Unduldsamkeit, die eitle Anmaßung und die Auflehnung gegen Alles, was von Gott und nach Gottes Ordnung ist. O, daß wir doch, treu im Glauben, diesem bösen Geiste stets kräftig widerstehen!

Was sollen wir nun aber thun dieser bösen Welt gegenüber? Vorerst sollen wir uns freuen, daß wir nicht der bösen Welt angehören; dann aber sollen wir mit der Gnade Gottes dieser Verfolgung einen ungebeugten Muth entgegensetzen und stets wachsam sein, um nicht durch die verführerischen Reize und Güter der argen Welt umstrickt zu werden. Obwohl aber die Welt Christum haßt, so hat er es doch nicht verschmähet in die Welt zu kommen, und zu suchen und zu retten, was verloren war. So wird der Haß der Welt und ihrer Mächte zum Heile der Auserwählten überwunden. Die Menschen aber, welche sich zu Werkzeugen der bösen Welt hingeben, sind nicht ausgeschlossen von der Gnadenfülle des Heiles, wenn sie vom Vater sich ziehen lassen zum Sohne, in dessen Namen im Himmel, auf Erden und unter der Erde alle Kniee sich beugen sollen, und in dem allein Heil zu finden ist. So bleiben wir durch Christus auch noch in einer liebevollen Verbindung mit den bösen und feindseligen Menschen. Es sei darum fern irgend eine feindselige Gesinnung im Herzen zu hegen, damit nicht auch feindliche Worte aus unserm Munde sich hören lassen, und noch viel weniger üble Nachreden oder Verleumdungen, und damit fern uns bleiben alle feindseligen Handlungen. Der Haß der Feinde darf nicht mit Haß erwiedert werden, sondern mit Liebe.

III. Wir hören aber oft, es sei eine **schwere Pflicht die Feinde zu lieben.** Wer hat dies geläugnet, wenn der natürliche Mensch nur gefragt wird, und die Grundsätze der im Argen liegenden Welt befolgt werden sollen? Wo aber sollen wir die Richtschnur für unsere Gesinnungen und Handlungen suchen? In der Welt etwa und bei den Namenchristen? Wer sind unsere Vorbilder, unsere Lehrer? Soll unser Leben nach der Weisheit der Welt, die eine Thorheit vor Gott ist, oder nach der Weisheit des Himmels sich gestalten? Wäre es so leicht, die wahrhafte Feindesliebe sich anzueignen und stets auszuüben; so würden wir in der vorchristlichen Zeit auch schon solche Tugendmuster, wenn auch in minderer Vollkommenheit, finden. Oder wir müßten doch nach den so hell leuchtenden Vorbildern im christlichen Leben auch Nachahmer finden außerhalb des christlichen Lebens, die, wenn auch nicht aus Liebe zu Gott und den Menschen, doch darum, weil die Feindesliebe etwas Erhabenes ist, darin sich auszuzeichnen suchten. Wie schwer aber die christliche Feindesliebe ist, und wie oft dagegen gefehlt wird, wer hat das nicht schon an sich und an Andern wahrgenommen? Ach, nur zu oft müssen wir den Haß gegen Feinde, die Abneigung gegen Menschen beklagen, die Andern mißfällig geworden sind, oder sie beleibigt haben! Und dieses zeigt sich nicht blos außerhalb des christlichen Lebenskreises, oder bei Solchen, welche kaum mehr als den Namen eines Christen von der Taufe her tragen, oder bei Solchen, welche von aufwallender Leidenschaft augenblicklich hingerissen worden sind. Zu unserem Leidwesen, zu unserer Beschämung und zu unserer Schmach finden wir den Haß gegen Feinde auch bei Menschen, welche Christo angehören wollen, bei Menschen, welche in der Kirche Gottes sonst ausgezeichnet sind, bei Menschen, welche glauben Kinder Gottes zu sein, und doch manchmal den Haß bis zum Tod im Herzen tragen.

O des Unheils und der Verblendung! Bemerket es

aber sowohl, Geliebte im Herrn, zu eurem eigenen Frommen, was nicht selten dabei geschieht, und sa unsäglich böse Früchte bringt. Die erforderliche Selbstverläugnung zur Ausübung der Feindesliebe wird oft in aller möglichen Weise vermieden oder auch hinausgeschoben auf günstigere Zeit; als wenn eine lang eiternde Wunde nicht zuletzt tödtlich werden könnte. Damit glaubt man das Gebot Gottes umgehen, damit glaubt man das eigene Gewissen beschwichtigen zu können. O welche Verkehrtheit! Nein! Es muß sich alsbald erweisen, ob wir bereitwillig in die Fußstapfen unseres gekreuzigten Heilandes eintreten, und nicht blos zu ihm sagen: Herr, Herr, aber nicht seinen und des Vaters Wille thun. Nein! Es muß sich bald zeigen, ob wir wahrhaft die katholische Kirche als unsere Mutter verehren und lieben, die alle Menschen liebevoll in ihren Schooß aufnimmt; oder ob wir in Abneigung und Haß gegen unsern Nächsten ihren Namen schmähen und ihre heiligsten Gefühle verletzen. Ach! und was ist oft die Ursache eines solchen Hasses gegen unsern Nebenmenschen? Beobachten wir uns selbst, so werden wir leicht finden, worauf die Abneigungen, die Feindschaften, die Verfolgungen sich gründen. Ist es nicht manchmal ein unbesonnenes Wort, welches eine tiefe Abneigung hervorgebracht hat, die im Herzen anhauert, obgleich der flüchtige Laut längst an den Ohren vorüber geeilt ist? Vielleicht hat dein Nächster eine That gegen dich verübt, welche dich gekränkt hat, welche dir Schaden verursacht. Darfst du aber dieses fortwährend in einem erbitterten Gemüthe bewahren und mit gleichem Uebelwollen und Unrecht vergelten? Nicht selten auch wird Feindschaft und Haß unter den Menschen, den Brüdern erwecket und ausgebreitet, weil die Einen zeitliche Glücksgüter in reicher Fülle besitzen, und die Andern oft der nöthigen Mittel zur Erhaltung des Lebens entbehren. Wenn Gott mit Glücksgütern segnet, darf darum aber ein Mensch den andern beneiden? Der Hausvater sagte zu dem neidigen

Arbeiter: Ist dein Auge böse, weil ich gut bin? Und wenn unser Nächster durch größern Fleiß und umsichtigere Sparsamkeit sich einen größern Antheil an den Erdengütern erwirbt, als sein weniger arbeitsame, weniger sparsame Mitmensch: darf jener mit neidischen oder feindseligen Augen angesehen werden, weil sein Nächster weder in Thätigkeit noch in geeigneter Sparsamkeit ihm gleich kommt und darum auch im Vermögen ihm nachsteht? Zu Jedem von uns ist gesagt, was Gott zu unserm Stammvater gesprochen hat: Im Schweiße deines Angesichtes sollst du dein Brod essen. Wenn aber auch selbst durch ungerechte Mittel Wohlstand und Reichthum zusammen gebracht worden wären, oder durch Lieblosigkeit und Geiz dem Arbeiter oder dem Armen das Billige verweigert würde; so haben wir keine Berechtigung, darüber zu Gericht zu sitzen und unsere Verurtheilung und Bestrafung auszusprechen, oder auch mit Haß oder Feindschaft solche Lieblose oder auch Ungerechte zu verfolgen. Ueberlassen wir, wenn wir nicht brüderlich dem Uebel abhelfen und den Nächsten bessern können, den fremden Knecht dem Herrn, dem er steht und fällt, und der Jedem vergilt, wie er in Wahrheit und Gerechtigkeit es verdient. Es mag zuweilen auch vorkommen, daß der Christ wirklich einem feindseligen, verbitterten und rachsüchtigen Nebenmenschen gegenüber steht. Ein solches Bewußtsein wird manchmal das Herz mit Betrübniß und Unwillen erfüllen. Die erlittene Unbild, der zugefügte Schaden, der andauernde Haß und die zu befürchtende Rachsucht treten vor die sonst friedfertige Seele. Es kostet einen schweren Kampf, alle widerwärtigen Gefühle niederzuhalten, die aufwallenden Leidenschaften zu beherrschen. Und doch muß dieser Kampf bis zum endlichen Siege fortgeführt werden.

Die Welt und ihre Kinder reden oft und viel von Großmuth; allein wenn von Uebung der Feindesliebe gesprochen, wenn dazu gemahnt, wenn sie gefordert wird, zeigt sich oft auch nicht ein Schatten von rechter Großmuth, nicht eine Spur von wahrer Bildung, nicht ein Strahl von Weisheit. Der natürliche Mensch erscheint in seiner angeborenen Leidenschaft, in seiner thierischen Unbändigkeit und oft in einer ekelhaften Rohheit. Solche gehören zu denen, von welchen der Apostel Judas schreibt (19), daß sie **fleischliche Menschen sind, die den Geist nicht haben.** Wir aber sollen den Geist Christi haben, den Geist der Versöhnlichkeit, den Geist der Liebe, welcher sich gerade in solchen Versuchungen und Prüfungen bewähren wird. Die Schatten- und Nachtseite in unserm natürlich menschlichen Leben soll in Licht und Tag der höheren Verklärung sich umwandeln. Die Leidenschaften, welche so oft zum Unheile ausschlagen, müssen aus ihrer zerstörenden Gewalt gelöst und dem Heile dienstbar gemacht werden. Der Psalmist mahnt (4, 5): **Ihr zürnet — wollet doch nicht sündigen! was ihr in euerm Herzen sprechet, das bereuet auf euern Lagerstätten.** Dem Hasse wird entgegengesetzt die Liebe, der Feindschaft entgegengesetzt die Freundschaft, dem Widerwillen die Zuneigung. „So lange wir auf Erden leben, finden sich, wie der heil. Gregor der Große erklärt, mit Guten auch die Bösen zusammen, und es ist nothwendig, daß wir vermischt in der gegenwärtigen Weltzeit leben. Die Guten sind nirgends allein außer im Himmel, und die Bösen sind nirgends allein außer in der Hölle. Dieses Leben aber, das zwischen dem Himmel und der Hölle liegt, besteht gleichsam in der Mitte, und so nimmt es die Bürger beider Partheien gemeinsam auf. Wenn ihr daher Gute seid, während ihr in diesem Leben wandelt, so ertraget gleichmüthig die Bösen; denn so entstehen die Blumen unter den Dornen."

IV. Da wir nun in dieser Pilgerschaft durch das Erdenleben wandern, so gilt auch uns, um segensvoll die christliche Feindesliebe und Versöhnlichkeit zu üben, die

Mahnung, welche der große Völkerlehrer den Kolossern gegeben hat (3, 12, 13): Ziehet an, so schreibt er an diese, ziehet an als Auserwählte Gottes, Heilige und Geliebte, ein Herz voll Erbarmen, Güte, Demuth, Sanftmuth, Geduld, einander ertragend und euch vergebend, wenn Einer gegen Jemand eine Klage hat: sowie der Herr euch vergeben hat, also auch ihr. Für die Nächstenliebe, besonders aber für die Feindesliebe muß die **christliche Versöhnlichkeit** fortwährend einstehen. Nur so wird es uns möglich werden, die bitteren Gefühle in unserer Seele auszutilgen, die Zunge zum Schweigen zu bringen, und von beleidigenden und beschädigenden Handlungen abzulassen, wenn wir Verdächtigungen, Schmähungen oder gar Verfolgungen uns ausgesetzt sehen. Werden wir aber lieblos und feindselig Nachtheilen und Beschädigungen an den Gütern der Seele oder des Leibes ausgesetzt, müssen wir uns dagegen verwahren oder Schadloshaltung fordern; dann wird unser versöhnlicher Sinn, wenn keine friedfertige Verständigung zu erlangen war, zu den schützenden Gesetzen seine Zuflucht nehmen, ohne in Erbitterung den Gegner zu reizen oder absichtlich zu schädigen. Oft aber werden wir gerne bereit sein, erlittenes Unrecht in christlicher Geduld zu ertragen, und so, statt die Feindschaft zu steigern, in schonender Liebe sie zu mildern und beizulegen.

Wenn wir aber auch gerechte Ursache haben, über das Unrecht zu zürnen, und das Böse, das in unsern Mitmenschen gegen uns in Hohn und Beschädigung hervortritt, zu hassen; so dürfen wir doch nicht Zorn oder Haß gegen die fehlige Person tragen. Sonst würden wir, gegen den Rath des Apostels (Eph. 4, 27), dem Teufel Raum geben. Würden wir eine Erbitterung lange im Herzen hegen, so würde uns der Mörder von Anbeginn leicht in schwerere Sünden der Lieblosigkeit und der Feindseligkeit stürzen. Fliehen, verabscheuen und hassen wir auch das Böse, die Sünde und die ganz gottlose Lebensweise der Personen, die gegen uns, gegen das uns Heilige, gegen Gott feindselig sich erweisen; so dürfen wir doch nie unser Herz in Haß gegen unsere Mitmenschen sich verstricken lassen. Schrecklich wäre es, mit dem Hasse gegen irgend einen Menschen im Herzen zu sterben, und so vor Gottes Richterstuhl zu erscheinen! Es ist wahr, tief und verletzend können oft für uns Unbilden und Beleidigungen sein, welche gegen das Heiligste, gegen Gott und seine Kirche und ihre Gnadenschätze in Wort, That und Schrift verübt werden. Ja wir wären keine treuen Kinder unserer heil. Kirche, wenn wir unempfindlich blieben gegen die Schmähungen und Mißhandlungen, welche so frevelhaft gegen sie verübt werden. Und doch dürfen wir nicht Gleiches mit Gleichem vergelten. Wir dürfen nicht schmähen, verläumden, vergewaltthätigen. Die Fahne des Unglaubens und Irrglaubens, die in unsern Tagen hoch erhoben wird, hat schon Viele um sich gesammelt. Um so mehr ist sie eine Fahne des Unheils für die Menschen im Einzelnen und für die Nationen und Völker. Werden wir dagegen zum Kampfe für die Fahne des Heiles aufgerufen, so wollen wir unerschrocken und muthig in die Reihen der Streiter uns stellen. Nie aber dürfen wir Waffen der Lüge, der Verläumbung und Entstellung der Wahrheit anwenden. Der Apostel lehrt uns, wie wir in diesen Kampf eintreten sollen, um den Sieg in Gerechtigkeit und Wahrheit zu erringen. Nehmet, so schreibt er an die Epheser (6, 13 ff.), nehmet die Waffenrüstung Gottes, damit ihr widerstehen könnet am bösen Tage, und in Allem fertig stehen. Stehet also eure Lenden umgürtet mit Wahrheit, und angethan mit dem Panzer der Gerechtigkeit, und die Füße beschuhet mit der Bereitschaft des Evangeliums des Friedens; und zu Allem ergreifend den Schild des Glaubens, mit dem ihr alle feurigen Pfeile des Bösen auslöschen könnt: und nehmet den Helm des Heiles, und das Schwert des Geistes (welches ist das Wort Gottes) und jegliches Gebet und Flehen betend jeder Zeit im Geiste, und darin wachend in allem Anhalten und Flehen für alle Heilige. Mit dieser Waffenrüstung angethan haben wir keinen Feind zu fürchten, sei es Fleisch und Blut, die in unsern Tagen sich gegen den Geist erheben, und in der kurzen Lebenszeit und in den Genüssen der Erde ihre Befriedigung suchen; seien es die teuflischen Mächte, welche gegen Gott und alles Heilige sich empören und das Reich Christi zerstören wollen. Mit dieser Waffenrüstung angethan sehen wir ruhig jedem Gegner entgegen, sei es auch eine ganze Welt, die zum Kampfe gegen uns sich erhebt; müssen wir auch mit dem Psalmisten (2, 1 ff.) klagen: Was toben Heiden, und was sinnen Völker Eitles? Der Erde Könige stehen auf, und Fürsten kommen dahin überein gegen den Herrn und seinen Gesalbten: Lasset deren Bande uns zerreißen und das Joch derselben von uns werfen. O, lassen wir uns nimmermehr zu Kleinmuth und Hoffnungslosigkeit hinreißen! Lassen wir uns nicht erbittern zu Ungeduld und Zornmuth! Hören wir vielmehr, was der Psalmist zu unserm Troste verkündet: Der in den Himmeln wohnt, verlachet sie, es spottet ihrer nur der Herr; befolgen wir, wozu der Psalmist zu unserm Heile uns auffordert: Dienet dem Herrn in Furcht und jubelt ihm mit Zittern.

In der Versöhnlichkeit gegen die Feinde, die uns oft betrüben, beängstigen, uns mancherlei Leid zufügen und zugleich das verhöhnen und zu zerstören suchen, was uns das Theuerste ist und das Heiligste, ist zugleich auch der

Friede begründet, in welchem wir mit unserm Nächsten, sei er Freund oder Feind, leben sollen. Den Frieden mit Gott und mit unserm Nächsten, den Frieden für unsere eigene Seele hat der Heiland uns durch seinen Versöhnungstod erworben und uns mitgetheilt: **Den Frieden hinterlasse ich euch,** spricht er ja zu uns (Joh. 14, 27), **meinen Frieden gebe ich euch; nicht wie die Welt ihn gibt, gebe ich ihn euch. Euer Herz betrübe sich nicht, und fürchte sich nicht.** Mit diesem Frieden im heil. Geiste ausgerüstet werden wir beim Empfang der heil. Firmung in den schweren und gefährlichen Kampf des Lebens entlassen. Pax tecum, der Friede sei mit dir! Welch ein gnadenreicher Segenswunsch für das vielbewegte und oft so feindliche Leben! In diesem Friedenswunsch ist die Nächstenliebe in all' ihren Beziehungen zu Freund und Feind zusammengefaßt. Wie könnten wir aber diesen Frieden bewahren ohne die christliche Versöhnlichkeit? Sind denn die Menschen so freundlich, so friedfertig, so liebevoll, daß der wahre Friede, wie er uns in Christo gegeben ist, nicht vielfach gestört und verletzt wird? Wie könnten wir dieses erwarten in einer Welt voll des Luges und Truges, voll der Bosheit und der Ungerechtigkeit? Eine unbegrenzte Versöhnlichkeit müssen wir zu üben bereit sein. Die Verzeihung der erduldeten Anfeindungen und Beleidigungen darf nicht blos bis zu siebenmal gezählt werden, wie der Apostel Petrus meinte (Matth. 18, 21). Auf seine Frage hat der Heiland die Antwort ertheilt: **Nicht bis zu siebenmal, sage ich dir, sondern bis zu siebenzigmal siebenmal.** Der Heiland wollte dadurch sagen, daß seine Jünger eben so oft verzeihen sollen, als sie beleidigt werden. Beherzige wohl, o Christ, wem du gleich würdest, wolltest du in der Feindschaft verharren. Du wärest gleich dem Satan, dem Mörder von Anbeginn, dem Vater der Lüge, der in ewiger Feindschaft gegen Gott beharrt und ewig in die Finsterniß verstoßen ist. Diesem Geiste der Finsterniß wärest du ähnlich, der seinen Haß und seine Feindschaft durch Verführung zur Sünde auch in die Menschen verpflanzt hat. Dem Satan wärest du ähnlich, der gegen Gott und das von Gott nach seinem Gleichnisse und Ebenbild erschaffene Geschöpf, den Menschen, in ewiger Feindschaft ankämpft.

Wo aber finden wir den Schutz gegen unser eigenes Herz, wenn es in Zorn und Feindschaft aufwallt, wenn der Verstand anfängt auf Rachepläne zu sinnen und der Wille in Zorn und Haß sie auszuführen bereit ist? Der Mensch in seiner blinden Wuth ist dem wilden Thiere ähnlich, und in Tücke oder Grausamkeit wird er sich vertheibigen oder rächen. Was bändigt, was mildert und versöhnt aber den feindseligen Menschen gegen seine Widersacher? Ach! kein Mittel der menschlichen Natur, keine weltliche Kenntniß, keine zeitliche Bildung, kein irdischer Fortschritt, kein Reichthum, keine Ehrenstellen vermögen aus sich den Menschen sanft= müthig, versöhnlich zu machen. Wenn ihr daran zweifelt, so schauet in die vergangene Zeit und betrachtet die aus= gezeichnetsten Völker des alten Heidenthums, wo findet ihr die Feindesliebe, wo die Versöhnlichkeit gegen Widersacher? Es ist noch kein Menschenalter vorüber, und die bethörte Welt, die sich in ihre vermeintlichen Güter und angeblichen Vorzüge versenkte, wollte sich und Andern glauben machen, das goldene Zeitalter des ewigen Friedens sei herangekommen; es sei keine blutige Zwietracht unter den Völkern mehr zu fürchten, es werde kein Krieg mehr entstehen; es werden die Menschen unter einander in verständiger Eintracht leben. Und siehe da! Sind nicht bald blutige Kriege ausgebrochen, welche Völker unglücklich gemacht und Länder verwüstet haben? Werden nicht die erbittertsten Partheikämpfe vor unsern Augen und Ohren geführt? Ist irgend etwas im bösen Streite verschont geblieben, was menschlich, was christlich und uns theuer ist? Und was erlebten wir in den jüngsten

Tagen, und was fürchten wir mit jeder Stunde? Krieg und Kriegsgeschrei und blutige Schlachten verbreiteten jüngst erst Entsetzen und Verderben im eigenen Vaterlande und in Nachbarländern. Kriegsdrohung und Kriegsrüstung erfüllen jetzt Europa, erfüllen die Welt. Ja der Friede und die Versöhnlichkeit scheinen so weit von uns geflohen zu sein, Zwietracht und Feindseligkeit erheben sich so mächtig und blutig, daß nur darauf gesonnen wird, wie Jedermann zum Kriege sich vorbereite, wie die zerstörendsten Waffen sich anfertigen lassen, wie Nachbar gegen Nachbar, Freund gegen Freund sich schütze, wenn der Weltkrieg entbrennt, der neue Strafgerichte Gottes heraufführt. Was könnte allein uns vor all' dem Unheile schützen? Die christliche Nächstenliebe, die christliche Liebe der Völker zu einander, die sich als Eine Familie Gottes erkennen sollten.

V. So bildet für das christliche Leben, im Gegensatze zur unchristlichen Welt, **die Feindesliebe** — wenn ich so sagen soll — **einen wesentlichen Bestandtheil des göttlichen Haus- und Grundgesetzes.** Dieses heilbringende Grundgesetz hat die kath. Kirche von ihrem Stifter überkommen, und bewahrt es mit unerschütterlicher Treue. So wenig die Lehre von der Pflicht der Feindesliebe außer dem Umfange der Kirche Christi angetroffen wird; so heimisch und wesentlich wurzelt und blüht dieses von Gott gepflanzte Gewächs auf dem Boden, welcher, da von Christus bebaut und durch den heil. Geist gepflegt, das Eigenthum Gottes ist. Ja, meine Christen! nehmet die göttliche Offenbarung des christlichen Gebotes der Nächstenliebe, die begründet ist in der Gottesliebe, hinweg von der Erde, nehmet sie hinweg aus dem Herzen der einzelnen Menschen, aus der Familie, aus der christlichen Gesellschaft; so werdet ihr bald dahin gelangen, wo das Heidenthum gestanden. Ihr findet keine Nächstenliebe, ihr findet noch viel weniger eine Feindesliebe. Oder zeigt sich dieses nicht schon unleugbar in unsern

Tagen, wo die Religionsgleichgültigkeit so ungescheut, die Gottlosigkeit so frevelhaft sich ausbreitet? Doch — Dank der gnädigen Vorsehung Gottes! — das Christenthum mit seiner göttlichen Wahrheit und Gnade ist noch zu allgemein verbreitet, und wurzelt noch zu tief in den Herzen, und durchdringt noch zu allgemein die bürgerlichen Gesetze, als daß die niedere, thierische Selbstsucht in manchen Menschen ungescheut sich kundgeben kann. Wenn aber, was Gott verhüten möge, der christliche Glaube mit der christlichen Gesinnung und der christlichen Handlungsweise auch nur auf kurze Zeit gänzlich zurückgedrängt oder unterdrückt werden könnte; so würden wir bald erkennen und fühlen, was Menschen zu thun fähig sind, welche Gott und seinen Gesalbten verwerfen und den Trieben der sündhaften Natur ungescheut sich hingeben. Die französische Revolution des verflossenen Jahrhunderts hat uns davon ein so schreckliches Bild hinterlassen, daß die Erinnerung jedes bessere Gemüth noch mit Grausen erfüllt.

Wie erschütternd beschreibt der Jünger der Liebe (1. Joh. 2, 9) den Zustand des Bruderhasses, wenn er bemerkt: **Wer sagt, daß er im Lichte sei, und seinen Bruder hasset, der ist in der Finsterniß bis zur Stunde.** Bedenkt aber, Geliebte im Herrn, daß das Grundgesetz dieses Reiches der Finsterniß — wenn man in ihm von einem Gesetze reden könnte, wo Alles Verwirrung, Trug und Lüge ist — daß das Grundgesetz der Haß und die Feindschaft ist. Wer aus diesem Reiche der satanischen Finsterniß gerettet und in das Lichtreich der Bruderliebe eingeführt werden will, kann dieses unaussprechliche Glück nur dadurch sich erringen, daß er sich dem Grundgesetze dieses Gottesreiches frei weihet und freudig unterwirft. Sehet aber, wie dieses Gebot der Feindesliebe ganz eng zusammenhängt mit den Grundwahrheiten des Christenthums. Unser Gott, so verkündigt die christliche Kirche allen Völkern, unser Gott ist Einer. Dieser

Eine Gott ist der allein wahre Gott, der alle Völker und Geschlechter aus Einem Menschenpaar hat hervorgehen lassen. Diesem Einen Gott und Schöpfer dienen wir und bestreben uns seinen Willen in Allem treu zu erfüllen, in der Hoffnung, daß wir, seiner Kindschaft würdig und nach dieser Zeitlichkeit in sein himmlisches Reich aufgenommen werden. Diesen Einen Gott und Schöpfer lieben wir als unsern Vater. In diesem erhabenen Glauben und Bekenntnisse des Einen Gottes ist aber unvertilgbar die Lehre und das Gebot der Feindesliebe enthalten. Gott ist unser Aller Vater, und dieser Vater ist die unendliche Liebe; er haßt nichts von dem, was er gemacht hat. Was nun Gott nicht haßt, das dürfen auch die nicht hassen, welche ihm durch Liebe nachzuahmen beflissen sind. Gott haßt nicht was, und soweit etwas sein Werk ist; darum dürfen auch seine Kinder die Werke des Vaters nicht hassen, sondern müssen wie Gott, der nicht den Tod des Sünders will, sondern daß er sich bekehre und lebe, auch dem Sünder, wenn er selbst ihr Feind ist, wohl wollen. In seiner Erbarmung und Liebe läßt Gott seine Sonne aufgehen über seine Lästerer, und sendet seinen Regen herab in gleichem Maße über die Felder der Ungerechten wie der Gerechten. Er macht keine Ausnahme mit seinen Wohlthaten, selbst bei dem Thoren, der in seinem Herzen spricht: Es gibt keinen Gott. So ist Gott, und so handelt Gott. Darum dürfen auch wir niemals Feindschaft gegen den Nächsten tragen, oder Rache an ihm üben, oder unsere Wohlthaten, wenn er derselben bedarf, ihm lieblos entziehen. Der große Völkerapostel ruft uns deßhalb zu (Röm. 12, 20, 21): Wenn dein Feind hungert, so speise ihn, wenn er dürstet, tränke ihn; denn wenn du dieses thuest, wirst du glühende Kohlen sammeln auf sein Haupt. Lasse dich nicht vom Bösen überwinden, sondern überwinde durch das Gute das Böse.

Scheint doch Gott in dieser unendlichen Liebe sogar

seinen Feinden und den Feinden seiner Kinder und seines Reiches eine Nachsicht zu gewähren, woran der Schwachgläubige Anstoß finden könnte. Wir sehen es ja, daß er oft die Gottlosen gewähren läßt, den Bösen, die ihn verunehren, keine Gewalt entgegensetzt und nicht Rache nimmt an den Frevlern für die Bedrängnisse, welche durch sie seinen Getreuen bereitet werden. Seine schonende Liebe beweist sich oft so nachsichtig, daß zuweilen gefragt wird: Ist denn kein Gott im Himmel, oder ist sein Arm lahm geworden? O, nehmen wir kein Aergerniß an Gott, der die Liebe ist, aber auch wiederum gesprochen hat: **Mein ist die Rache, ich will vergelten.** Darum gleicht sicherlich die Gerechtigkeit Gottes immer wieder aus, wenn die Langmuth seiner Liebe die Strafe verzögert und das verstockte Herz des Straffälligen durch Wohlthaten zu gewinnen versucht hat. Nehmen wir aber daraus die himmlische Lehre, daß auch wir nie ablassen dürfen, die Feindesliebe zu üben, dem Feinde Gutes zu erweisen. Hören wir den Heiland uns zurufen (Matth. 5, 44): **Ich sage euch, liebet euere Feinde; thuet Gutes denen, die euch hassen, und betet für die, welche euch verfolgen und lästern, auf daß ihr Kinder seid eueres Vaters, der im Himmel ist.** Sonach würden wir dem Vater im Himmel nicht wohlgefallen können, wollten wir blos unsere Feinde nicht hassen, ihnen lediglich kein Leid zufügen. Auch lieben sollen wir sie und Gutes ihnen erweisen. **Denn, so spricht der Heiland, wenn ihr liebt die, die da euch lieben, welchen Lohn werdet ihr haben? Thun nicht auch die Zöllner dasselbe? Und wenn ihr grüßet einzig euere Brüder, was Ausgezeichnetes thut ihr? Thun nicht auch die Heiden dasselbe?** Wollen wir Alle Kinder des Vaters sein, der im Himmel ist, so laßt uns auch ihm ähnlich sein und vollkommen werden, wie unser Vater im Himmel vollkommen ist. Der heil. Chrysostomus, der die härtesten Verfolgungen erdulden mußte, der fern von seinem bischöflichen Sitze in der Verbannung den Mißhandlungen und Leiden durch seine Feinde erlag, bemerkt, "daß es nichts gebe, was uns Gott ähnlicher macht, als wenn wir gegen Verfolger und Beleidiger versöhnlich sind". Und der heil. Augustinus ermahnt uns: "Wenn du deinem Feinde Wohlthaten erweisest, so ehrest du Christum."

Ja! durch die Erfüllung des Gebotes der Feindesliebe ehren wir Christum, und wir thun es in der vollkommensten Weise, weil wir ihm dadurch nachfolgen. Er selbst hat ja nicht blos das erhabene Gebot der Feindesliebe für sein Reich als Grundgesetz ausgerufen, sondern er hat es, unser König und Lehrer zugleich, auch durch sein ganzes Leben geübt, Er, der, wie der heil. Petrus schreibt (1 Petr. 2, 21), **für uns gelitten hat, indem er euch ein Beispiel hinterließ, auf daß auch ihr in seine Fußstapfen tretet.** Jesus Christus, der ewige Sohn Gottes, in der Zeit Mensch geworden, konnte, da er bis zum Tode verfolgt wurde, doch nicht ermüden, die zu lieben, welche sein Leben durch die Schmach und Qual des Kreuzes ihm geraubt; die zu lieben, welche mit Galle und Essig ihn getränkt; die zu lieben, welche in den schmerzhaftesten Todesleiden ihn verhöhnt; die zu lieben, welche im Sterben ihn mit dem Fluche des Todes eines Missethäters belasten wollten. Ist dazumal nicht das Gräuelvollste geschehen, was von Gotteshaß gedacht werden kann? **Den Herrn der Herrlichkeit haben sie gekreuzigt** (1. Kor. 2, 8) und so ihn mit seinem Kreuze den Juden zum Aergernisse und den Heiden zur Thorheit gemacht. Und der göttliche Weltheiland hat, als er gescholten wurde, nicht wieder gescholten, als er litt, nicht gedroht, sondern sich vielmehr dem hingegeben, der ihn ungerecht richtete, wie der heil. Petrus an jener Stelle fortfährt. Und in seinem schwersten Todesleiden hat er für seine Feinde und

Peiniger gebetet: **Vater verzeihe ihnen, sie wissen nicht, was sie thun.**

Ach nein! Wir können nicht aufblicken zu einer solchen unermeßlichen Liebe Gottes, die weder durch den Haß, noch die Unbilden, noch die töbtlichen Frevelthaten böser Menschen besiegt werden konnte, und dann noch zögern, unserm Nächsten, unserm Feinde die uns zugefügten Beleibigungen und Beschädigungen zu verzeihen. **Da wir Gottes Feinde waren, sind wir mit Gott versöhnt worden durch seinen Sohn,** wie der heil. Paulus uns lehrt (Röm. 5, 10). Wir hatten Gott gräulich beleidigt, wir hatten verdient als Kinder seines Zornes ewig verworfen zu werden. Wir konnten nichts würdiges thun, ihn zu versöhnen, ja wir und vor uns unsere Stammeltern und ihre ganze Nachkommenschaft hatten fortwährend Gott durch jegliche Sünde beleidigt. Und doch ist Gott selbst in unaussprechlicher Erbarmung uns zuvorgekommen. Er hat seinen eigenen Sohn gesandt als unsern Mittler und Erlöser. Und dieser eingeborene Sohn Gottes, Jesus Christus, hat unsere und die Schuld der ganzen Menschheit auf sich genommen, und am Kreuze, durch welches er so gern alle seine Feinde in unaussprechlicher Liebe gerettet hätte, mit seinem Blute unsern Schuldbrief ausgelöscht.

Wahrhaftig! Könnte die Feindesliebe uns eindringlicher anempfohlen und sichtbarer dargestellt werden als durch das Kreuz, an welchem der göttliche Heiland für uns, die wir Feinde Gottes, weil durch die Sünde Knechte des Satans waren, gestorben ist? Welcher Verstand vermöchte sich dagegen zu verfinstern, welches Herz sich dagegen zu verstocken? Blicket auf zum Kreuze auf Golgatha. Beherziget das dort vollbrachte blutige Opfer. Für wen ist der Sohn Gottes dort gehorsam geworden bis zum Tode? Für wen hat der himmlische Vater dort seinen eingeborenen Sohn in den schmachvollsten Tod hingegeben? Für uns Menschen, für uns Sünder, für uns, die wir Feinde Gottes waren. Welch eines Ungehorsams, welch einer Empörung, welcher Frevel, zahlreicher als der Sand am Meere, waren die Menschen schuldig! Und für diese Menschen, für uns hat der Sohn Gottes sein Blut vergossen bis auf den letzten Herztropfen. Wie laut und unwiderstehlich erschallt das Gebot der Feindesliebe vom Kreuze herab! Welche Gnadenfülle ergießt sich vom Calvarienberge über die ganze Erde, um den widerspenstigen und verhärteten Menschenherzen die Feindesliebe einzuflößen! Gott hat uns geliebt, da wir seine Feinde waren, welch eine süße Wahrheit für ein versöhnliches Herz! Welch eine bittere Wahrheit für ein unversöhnliches Herz! Der heil. Augustin belehrt uns, daß der Heiland in uns Gott den Vater geliebt hat, nicht zwar als hätten wir den Vater, sondern damit wir ihn haben sollen. „Laßt uns auch so, fährt der heil. Augustinus fort, laßt uns auch so unsern Nächsten lieben als Brüder Jesu Christi, damit, wenn er seiner Sünden wegen dessen auch nicht würdig ist, er es doch werde, und schon darum, weil er als Bruder unseres Heilandes bestimmt und aufgenommen ist. Lieben wir uns unter einander, wie der Heiland uns, die wir seine Feinde waren, geliebt hat. Und warum hat er uns geliebt, als damit wir seine Freunde, seine Brüder werden. Wie kannst du doch sagen: Ich vermag nicht meinen Feind zu lieben? Willst du aufhören deinen Heiland zu lieben?

Wer unter den Jüngern Jesu, wer unter den Kindern der Kirche, seiner auserwählten segensreichen Braut, wer mit dem christlichen Namen begnadigt, darf noch Haß in seinem Herzen gegen irgend einen Feind tragen, wenn er zum Heiland aufblickt, der als Ecce Homo mit allen Sünden der ganzen Menschheit, mit aller Verschuldung dieser Sünden im Gerichtshause den Verdammungsruf der bethörten und verkehrten Menge anhört: K r e u z i g e i h n, k r e u z i g e i h n? Wer darf noch einen Haß gegen irgend einen Feind

in seinem Herzen haben, wenn er sieht, wie derjenige, der
keiner Sünden schuldig war, dem Mörder Barrabas nach=
gesetzt wird, opferwillig das Kreuz auf sich nimmt und das
Holz des Fluches, mit allen Sünden und ihrer Strafe be=
lastet, auf die Richtstätte trägt? Wer darf noch durch Haß
in seinem Herzen über erlittene Unbild grollen und auf Rache
gegen seinen Feind sinnen, wenn er den Heiland all seiner
Kleider beraubt, an's Kreuz genagelt, mit Galle und Essig
getränkt, unter unaussprechlichen Schmerzen des schmählichsten
Todes für seine Feinde beten hört: Vater, verzeihe
ihnen, sie wissen nicht, was sie thun? Wer kann
sich noch weigern, seinem Feinde alle, auch die schwersten
Kränkungen, Mißhandlungen und Uebelthaten zu verzeihen
aus Liebe zu dem göttlichen Herzen Jesu, das auch den letzten
Blutstropfen für die Erlösung einer sündhaften, gottfeind=
lichen Welt vergossen hat? Und wie könnte das göttliche
Herz, das sich aus Liebe zu uns ganz zum Opfer hingegeben
hat, an einem Menschenherzen Wohlgefallen haben, welches
gleich dem Mörder von Anbeginn voll des Hasses und der
Feindschaft gegen die Brüder Jesu ist? Ach, lassen wir uns
von Liebe für die Brüder, auch wenn sie Haß und Feind=
schaft gegen uns tragen, nicht zurückschrecken! Ach, nehmen
wir doch stets die Liebesgluth aus dem Herzen Jesu in unser
Herz auf, damit auch wir von heil. Liebe gegen die Brüder
und besonders gegen die Feinde entzündet, durchglüht und
entflammt werden! Sehet das göttliche Herz Jesu, wie es
in dem ergreifenden Bilde für die gnadenreiche Bruderschaft
des göttlichen Herzens Jesu dargestellt wird, das Herz Jesu,
geschmückt mit dem Kreuze, mit einer Dornenkrone umwunden,
und Flammen der Liebe nach allen Seiten hin ausstrahlend!
Wo ist die Gegenliebe, womit wir Alle eine solche Liebe
erwiedern sollen? Ist unser Leben, wie es sich gebührte, ein
Abglanz dieser himmlischen Liebe? Dein Herz, o Christ, soll
Gott über alles, beinen Nächsten wie dich selbst, und beinen

Feind von Herzen lieben. O, daß doch alle unsere Herzen mit der Liebesgluth des göttlichen Herzens Jesu erfüllt wären! O, daß doch die ganze Erde, auf welche der letzte Blutstropfen dieses göttlichen Herzens hernieberträufelte, so ganz gereinigt und geheiligt werde, daß keine Sünde, kein Haß und keine Feindschaft sie verunstaltete; sondern die Gottseligkeit und die Liebe Gottes und des Nächsten sie zum Reiche Gottes in der streitenden Kirche würdig mache! O, daß doch alle Bürger und Angehörigen dieses Reiches das Grundgesetz desselben vollkommen erkennen und vollkommen üben möchten: Die Feindesliebe, welche unzertrennlich von der Gottesliebe und Nächstenliebe ist!

VI. Beherzigen wir aber auch noch eine weitere Wahrheit, welche so folgenschwer ist, und doch von den verhärteten Menschen so leichtfertig mißachtet wird! Die Verzeihung unserer Sünden und die Aussöhnung mit Gott in Jesu Christo können wir nur erlangen, wenn wir selbst unserm Nächsten die uns zugefügten Beleidigungen verzeihen, wenn wir unsere Feinde nicht hassen, sondern von Herzen lieben. Andernfalls wird uns **die Fülle der Heilsgnaden in der göttlichen Erbarmung und Liebe nicht zu unserm Heile, sondern zur größeren Schuld und Strafe gereichen.** Wenn wir Alles haben, lehrt der heil. Paulus (1. Kor. 13), aber nicht die Liebe, so haben wir nichts. Dazu bemerkt der heil. Augustinus: „Der heil. Paulus sagt nicht: Dieses Alles ist nichts, sondern wenn ich die Liebe nicht habe, so bin ich nichts. Alles ist groß und ich habe Großes, und doch bin ich nichts, wenn ich die Liebe nicht habe, durch welche allein Alles das mir nützt, was groß ist." Bedenke darum, o Christ, was Alles du verlierst, wenn du in Haß und Feindschaft bist. Du verlierst Alles, was Gott Großes für deine Rettung gethan hat; was Gott für dich gelitten, alle Gnaden, welche der Heiland dir am Kreuze erworben, alles Heil, das dir in dem Gottesreiche auf Erden dargeboten und im Gottesreiche des Himmels aufbewahrt ist. Alles das verlierst du, wenn du deinen Bruder, der dein Feind ist, oder den du dafür ansiehst, nicht liebest. Wenn du betest: Vergib uns unsere Schulden, wie auch wir vergeben unsern Schuldigern; so verdammst du dich selbst, wenn du nicht dich aussöhnest; denn du willst, daß Gott auch dir nicht vergebe, mit dir sich nicht aussöhne. Wenn du im Bußgerichte erscheinst mit rachgierigen Gedanken, die du nicht entfernt hast, mit feindlichen Gesinnungen gegen deinen Nächsten, die du nicht bekämpfen willst; so verhöhnest du Gott, du kreuzigest Christum aufs Neue, dessen Blut dich versöhnen will, aber in beiner Unversöhnlichkeit nicht versöhnen kann. Und wie könntest du dem Tische des Herrn dich nahen und dort in die innigste Lebensgemeinschaft mit dem Heilande treten, der sterbend noch für seine Feinde und Peiniger gebetet hat, und dein Herz voll Feindschaft und Haß gegen deinen Bruder, den Bruder Jesu Christi wäre? Selbst wenn dein Feind dir nicht versöhnlich entgegenkommt, so suche du ihn zur Versöhnlichkeit, zur Liebe zu bewegen. **Gehe hin, wenn dein Bruder etwas wider dich hat,** so mahnt der Heiland, **ehe du dein Opfer darbringst, und versöhne dich zuvor mit deinem Bruder.** Beseitige, was zwischen dir und deinem Bruder als Mißfälligkeit vor Gott, als Mangel an Liebe, als Sünde besteht. Die Liebe zu Gott fordert dieses, es fordert dieses die Liebe zu deinem Bruder, den du aus der Sünde der Feindseligkeit, aus der Gefahr des Seelenheiles retten sollst. Mußt du auch dich selbst verleugnen, so darfst du nicht vergessen, daß die Jüngerschaft Christi die Selbstverleugnung fordert, und unser Heiland zuerst uns darin das Beispiel gegeben hat. Glaubst du aber eine solche Erniedrigung nicht ertragen zu können, so sage mir, bist du dann noch auf dem Wege der Nachfolge Christi? O, der verderblichen Täuschung, daß wir Barmherzigkeit und Verzeihung von

unserm himmlischen Vater erwarten, und doch selbst unbarm=
herzig und unversöhnlich gegen unsere Mitmenschen sind!
Vergessen wir doch niemals, daß mit dem Maße, mit welchem
wir ausmessen, uns eingemessen wird! Beherzigen wir doch
stets, daß der Heiland uns so nachdrücklich mahnt, auf dem
Lebenswege uns mit unserm Feinde auszusöhnen, damit wir
nicht im Tode der göttlichen Gerechtigkeit verfallen (Matth.
5, 25)! Im Himmelreiche, das unter dem Gleichnisse eines
Königes dargestellt wird, welcher mit seinen Knechten Rechnung
halten wollte, forderte der König von einem Knechte die
Bezahlung einer großen Schuld. Da aber der Knecht nichts
hatte, um zu bezahlen, befahl der König ihm Alles zu ver=
kaufen, was er hatte, um die Schuld zu bezahlen. Auf
seine dringende Bitte erließ er jedoch dem Unglücklichen die
ganze Schuld. Dieser aber wollte seinem Mitknechte nicht
eine Frist geben, um eine sehr geringe Schuld abzutragen,
sondern warf ihn in's Gefängniß, bis er die Schuld bezahlt
hätte. Als der König dieses erfuhr, sprach er zu dem so sehr
Begnadigten: Böser Knecht! jene ganze Schuld habe
ich dir erlassen, weil du mich darum gebeten hast.
Mußtest nun nicht auch du deines Mitknechtes
dich erbarmen, wie auch ich mich deiner erbarmt
habe? Und erzürnt gab ihn sein Herr dem Peiniger, bis
er die ganze Schuld bezahlt hätte. Die wichtige Lehre dieses
Gleichnisses faßt der Heiland in die tief eindringliche Mahnung
zusammen: Also wird auch mein himmlischer Vater
euch thun, wenn ihr nicht ein Jeder seinem
Bruder verzeiht von Herzen.

Wahrhaft, wer nicht liebt, ist, wie der heil. Johannes
versichert, im Tode. In diesem Zustande des töbtlichen
Hasses kann, so lange der Mensch darin beharrt, so uner=
meßlich auch der göttliche Gnadenschatz ist, keine Rettung
ihm zu Theil werden. Die Geschichte der ersten christlichen
Zeit erzählt uns ein Beispiel davon, welches wohl zu den

ernsteften gehört, die wir beherzigen müssen. Zwischen zwei Freunden hatte sich eine tödtliche Feindschaft entsponnen. Der Eine wurde als Christ von dem heidnischen Richter zum Tode verurtheilt, da er den Götzen nicht opfern wollte. Als der Andere dieses hörte, eilte er ihm nach auf dem Wege zum Richtplatze, bat flehentlich um Verzeihung und bot ihm Versöhnung. Allein jener stieß ihn lieblos zurück. Der Freund wiederholte seine Bitte; der des Glaubens wegen zum Tode Geführte lehnte fortwährend ab. So kamen sie zur Richtstätte. Aber siehe da, die Gnade Gottes verließ den früher so standhaften Bekenner, der aber nicht verzeihen wollte, so daß er feige Jesum Christum verleugnete und vom Glauben abfiel. Er verlangte plötzlich, daß man ihn zu dem heidnischen Altare führe, da er den Götzen opfern wolle. Der abgewiesene Freund dagegen bekannte nun laut und unerschrocken seinen Glauben an Jesus Christus, ward Martyrer und erhielt die Krone eines heil. Blutzeugen. So wirkt der Haß, so wirkt die Liebe zum Verderben und zum Heile für uns und Andere. Davon erzählen uns auch die Missions-Annalen, deren eifriges Lesen ich euch allen empfehle, ein rührendes Beispiel. Im Innern von Afrika sah ein Häuptling, wie ein Glaubensbote, ein Priester der katholischen Kirche, eine schwere Mißhandlung liebevoll verzieh und sogar für den Frevler Fürsprache einlegte, um ihn von der verdienten Strafe zu befreien. Gerührt durch die thatkräftige Feindesliebe begehrte der Häuptling die heil. Taufe, indem er bemerkte: „Dieser Vater liebt uns; er thut, was er sagt; er verzeiht seinen Feinden. Sein Wort ist deßhalb wahr. Von jenem Augenblicke an war ich im Herzen ein Christ, und bin nun entschlossen, es immer zu bleiben." Und in der That fand der Häuptling sammt seiner Familie, welche seinem Beispiel folgte, bald Gelegenheit, dieß zu beweisen. Eine schwere Verfolgung brach herein; er aber blieb mit den Seinigen standhaft in dem Glauben an den göttlichen Heiland, der am Kreuze für seine Feinde gebetet hat.

VII. Ist aber die Verpflichtung zur Feindesliebe eine so hochwichtige und heilige, wie schwer und sündhaft endlich wird **die Verschuldung sein, wenn absichtlich und böswillig Haß und Feindschaft unter den Brüdern, den Mitmenschen verbreitet und unterhalten wird.** Verschieden aber und zahlreich sind die Mittel und Wege, durch welche der Haß und die Feindschaft sich über die menschliche Gesellschaft verbreiten und das christliche Leben der Bruderliebe aus Gott täglich vergiften und gleichsam morden. Was soll ich euch, Geliebte im Herrn, von der Partheisucht sagen, welche im bürgerlichen Leben sich mit Groll und Gewalt Geltung verschafft und nur ihre Anhänger begünstigt und bevorzugt; die Andern aber gleichsam mit dem Merkmal der Brandmarkung bezeichnet, daß sie wie geächtet und rechtlos angesehen und behandelt werden sollen? Was hätte ich euch nicht zu sagen von jenen Bestrebungen, welche im Bereiche der göttlichen Offenbarung und ihrer Trägerin, der Kirche, Zwiespalt hervorrufen, und durch die allzeit wirksamen Waffen der Lüge, der Entstellung, des Spottes, der Herabwürdigung und Verdächtigung die Brüder in Christo und die Söhne der Kirche entzweien und Hader und Spaltungen verbreiten, und so das Heil Vieler der Gefahr und dem Untergange aussetzen? Was soll ich euch von den Trennungen und Spaltungen sprechen, die in der Christenheit bestehen und nicht nur die Einheit der Kirche zerrissen haben, sondern auch eine Gluth der Leidenschaften entzünden, die fortwährend verheerend wirken im Reiche der Gnade und Wahrheit aus Jesus Christus und verderbend im Werke der Rettung und Heiligung der Seelen? Wer kann diese Uebel, diese tödtliche Verwundung der christlichen Liebe, diese Anlässe und Versuchungen zu Zank und Streit, zu Bitterkeit und Zwiespalt, zu Haß und Feindschaft genug beklagen? Wer darf ablassen Gott zu bitten, daß er aus diesen großen Uebeln die Christenheit erlöse? **Wehe der Welt von wegen der Aergernisse!** (Matth. 18, 7) so ruft der göttliche Heiland aus, setzt aber bei: **denn es ist nothwendig, daß Aergernisse kommen; aber wehe dem Menschen, durch welchen das Aergerniß kommt.** Aber auch in dieser Welt der Aergernisse darf die Liebe nicht erkalten. In solchen Streit und Haß, in solche Feindseligkeiten dürfen wir als Jünger Jesu Christi uns nicht verstricken lassen. Betrachten und beklagen wir solche Menschen wie Kranke, deren Uebel wir für uns vermeiden, aber in ihnen zu heilen suchen, ohne den mit solchem Uebel Behafteten unsere Zuneigung und Liebe zu entziehen.

Ach, in wie vielerlei Gestalten geht der Geist der Zwietracht unter uns umher, und säet die Drachensaat aus, wo er einen empfänglichen Boden findet! Aus dieser giftigen Saat wuchert die Feindseligkeit, die entsteht aus übler Nachrede und Verläumbung; der Haß, welcher sich in die Seele einfrißt, aus Hohn und Spott gegen uns und das uns Theuere und Heilige; die Zwietracht, welche wurzelt und emporwächst aus Geiz und Habsucht; der Streit und Haber, welche aus beklagenswerthen Mißverständnissen oft zum bittersten Kampf entbrennen unter denen, die von Natur und Gott angewiesen sind einander zu lieben, und durch einträchtige Hilfeleistung das Elend dieser vergänglichen Zeitwelt einander erträglich zu machen. In diese vom Urheber des Bösen, vom Erfinder der Lüge und dem Verfälscher der Wahrheit zerklüftete und zerrissene Welt, ist der Christ mit seinem Glauben an das Evangelium Jesu Christi hingestellt. Was soll er thun? wie sich wehren, sich retten? Darf er die Waffen der Feinde ergreifen, um sich zu vertheidigen? Er kann es nicht. Darf er wenigstens gegen die, welche wider ihn der Gerechtigkeit halber toben und lästern, sein Herz verschließen? Das Gebot Jesu Christi gestattet dieses nicht. Was also anfangen in Mitte dieser Anfeindungen, denen das Lamm ausgesetzt ist in Mitte der Wölfe? Der Weg ist ihm gezeichnet in Wort und Werk. Es ist vom Apostel Paulus (Röm. 12, 21) allen wahren Christgläubigen als Lebensregel gegeben in der Loosung: **Laß dich nicht vom Bösen überwinden, sondern überwinde das Böse im Guten!** Dazu das Wort Jesu: **In Geduld werdet ihr euere Seele besitzen.** — Im Werke aber haben wir vor uns den Anfänger und Vollender unseres Glaubens, den Hohenpriester unseres Bekenntnisses. Im Hinblicke auf Jesum Christum eilen wir muthig dem uns vorgesteckten Ziele entgegen; im Hinblick auf unsern göttlichen Heiland, **der statt der vorliegenden Freude das Kreuz erduldete, die Schmach nicht achtete und zur Rechten des Thrones Gottes sitzet** (Hebr. 12, 2). Im Werke haben wir vor uns die unzählige Menge der vorangegangenen Gerechten und Heiligen, welche unter Drangsalen und Leiden dem göttlichen Heiland treu nachgefolgt sind, welche ihre Feinde geliebt, für ihre Verfolger gebetet und die Krone der Gerechtigkeit glorreich erlangt haben für alle Ewigkeit.

Prüfen wir uns also, Geliebte im Herrn, und seien wir wohl bedacht, daß wir uns nicht selbst täuschen. Die Feindesliebe ist uns zur heil. Pflicht vor Gott und unserm Gewissen gemacht. Der Herr sagt (Luk. 6, 32): **Wenn ihr nur die liebt, welche euch lieben, was ist euer Dank? denn auch die Sünder lieben, die sie lieben.** Die christliche Liebe zu unserm Mitmenschen umfaßt auch diejenigen, welche uns zuwider sind, welche uns hassen, verfolgen und alles Leid uns zufügen. Sie umfaßt unsere Feinde. Prüfen wir uns in der Gegenwart des allwissenden Gottes, prüfen wir uns vor den Augen unserer heiligen Mutter als treuherzige Kinder, ob wir frei sind in unserm Herzen, in unserm Thun und Lassen von Haß und Feindschaft gegen unsere Mitmenschen, die wir für unsere Feinde ansehen, oder die als unsere Feinde sich in Wort und That beweisen. Wägen wir ab, wie Gott bereinst in seinem untrüglichen Gerichte und Urtheile abwägt, ob wir nichts in uns haben, nichts thun oder zulassen, was Abneigung, Feindschaft, Haß verräth, bethätigt oder doch die Keime solcher feindseligen Gesinnungen und Handlungen in sich trägt und zu bittern Früchten durch den Mörder von Anbeginn heranreifen wird. Prüfen wir uns ernstlich und aufrichtig in Gottes heil. Gegenwart und unter kindlicher Treue vor unserer heil. Mutter, der heil. kath. Kirche, ob wir unsere Feinde von Herzen lieben, ob wir ihnen alle Unbilden verzeihen, die sie uns zugefügt haben, ob wir keine Rache mehr im Herzen hegen wegen des erlittenen Schadens, ob wir uns ohne Rückhalt mit unserm Gegner ausgesöhnt haben. Ach! Geliebte im Herrn, die christliche Feindesliebe darf nicht blos in den Gedanken, auf der Zunge oder in vorübergehenden Gefühlen sein, sie muß tief im Herzen begründet sein. In dem innersten Heiligthume der Seele darf dem Zorn, der Feindschaft kein Raum gegeben werden. Von Herzen sollen wir um Gottes, um Jesu Christi willen, unsere Feinde lieben.

Das Herz des Menschen ist, wie der Prophet sagt (Jerem. 17, 9 ff.), arglistig, mehr denn Alles, und unerforschlich; wer mag es kennen? Wie oft ist dem Menschen verborgen, welche Abneigung, welche Feindschaft im tiefsten Herzensgrunde verschlossen liegen und oft plötzlich, wenn gereizt, hervorbrechen. Die Gelüste des Fleisches, wenn sie nicht abgetödtet worden sind, erweisen sich unter andern Werken, wie der heil. Paulus an die Galater schreibt (5, 6 ff.): durch Feindschaften, Streitigkeiten, Eifersuchten, Zorn, Erbitterungen, Spaltungen, Partheien, Neid, Mordthaten und diesem Aehnliches. Dagegen erweist sich die Frucht des Geistes in Liebe, Friede, Geduld, Milde, Güte, Langmuth, Sanftmuth. Ob wir nun leben nach den Gelüsten des Fleisches, oder nach dem Geiste wandeln, zeigt sich also in unsern Gesinnungen und Handlungen. Oft aber täuschen wir uns selbst darüber, da wir uns zu entschuldigen und zu rechtfertigen suchen; und gar meinen, wir seien Christen, wenn wir auch unser Fleisch noch nicht mit den Feindschaften gekreuzigt haben (Gal. 5, 24). Vor Gott aber frommt all' diese Täuschung nichts. Ich bin es, spricht der Herr durch den Propheten (Jerem. 17, 10), der ich ergründe das

Herz und prüfe die Nieren, der ich einem Jeglichen gebe nach seinem Wandel und nach der Frucht seiner Bestrebungen. Wie mancher unter den Christen glaubt, er lebe das Leben aus Gott, und er ist gefesselt in dem Tode der Sünde. Wer nicht liebt, bleibt im Tode; Jeder, der seinen Bruder haßt, ist ein Mörder, ruft uns zu der Jünger der Liebe (1. Joh. 3, 14 ff.). Wie schrecklich ist demnach der Zustand des Bruderhasses! Wer seinen Bruder haßt, ist ein Mörder. Wenn auch die äußere That des Mordes nicht verübt wird, so ist doch die Gesinnung des Hasses, die innere That des Mordes im Herzen. Und das Herz ergründet Gott. Im Herzen, das den Bruder haßt, ist der Tod. Wer nicht liebt, bleibt im Tode. Wenn ein Leichnam unter uns wandelte mit all den Merkmalen des Todes und der Verwesung, wer könnte einen solchen Zustand, einen solchen Anblick ertragen? Wer möchte in der Gestalt des Todes unter den Menschen erscheinen und verkehren? Und die Seele, die nicht liebt, die durch den Bruderhaß mit dem Morde belastet ist, hat eine noch gräulichere Gestalt als der Leichnam. Sie ist aller Gnaden Gottes beraubt, und ist in ihrem Innern und Aeußern ähnlich dem Geiste der Finsterniß. Solche Seelen, die zwar nicht den Menschen, aber Gott in ihrem schrecklichen Zustand sichtbar sind, wandeln oft unter ihren Mitmenschen; sie haben oft den Namen, daß sie leben, sind aber todt und verbreiten in ihrem Hasse und ihrer Feindschaft den Geruch des Todes um sich, und vergiften das geistige Leben ihrer Mitmenschen. O, daß keine solche Seele, die im Tode ist, unter uns sich befinde, daß keine Seele unter uns ersterbe im Hasse, in der Feindschaft gegen den Bruder, gegen den Mitmenschen! Alles um uns in der Heilsordnung Gottes, Alles in uns mit der Gnadenfülle in Jesu Christo mahnt uns an die heilige und beseligende Gottes- und Nächstenliebe, zu der wir im heil. Geiste wiedergeboren sind, und in der wir zum vollen Mannesalter in Jesu Christo heranwachsen sollen. Alles mahnt uns und unterstützt uns, daß wir ablegen jeden Haß und Feindschaft.

Welch ein glückseliger Abend, wenn die Sonne nicht untergeht über unserm Zürnen, wie der heil. Paulus der Christengemeinde zu Ephesus (4, 26) schreibt! Selbst wenn aus gerechtem Eifer der Unwille oder auch ein Zürnen sich im Gemüthe regt, oder äußerlich sich ausspricht; so lasset uns alsbald wieder zu jener Ruhe und Milde aus Gott zurückkehren, die stets zur Versöhnlichkeit, zum Frieden die Seele stimmen. Wenn auch die Finsterniß ihre dunkeln Schatten über die Erde verbreitet; so leuchte doch in uns die Sonne der Gerechtigkeit mit ihren milden Strahlen, damit wir gegen einander gütig, mildherzig, einander verzeihend seien, wie auch Gott in Christus uns verziehen hat (Ebend. 32). Schließen wir doch so jeden Tag im Frieden mit Gott und den Brüdern. Lassen wir doch so mit reinem Gewissen die Nacht in ihrer stillen Ruhe sich über uns ausbreiten. Wie werden wir dann auch getrost jener Nacht entgegensehen, von welcher der Heiland sagt, daß Niemand mehr wirken könne (Joh. 9, 4); jener Nacht des Todes, aus welcher wir zur Rechenschaft über unser ganzes Leben vor Gott aufwachen; jener Nacht, aus welcher wir durch die Gnade und Barmherzigkeit Jesu Christi unter die Zahl der Kinder des Friedens, wo das ewige Licht uns leuchtet, aufgenommen zu werden wünschen!

Woher werden wir aber die Kraft erhalten, um dieser höheren Pflicht der Feindesliebe treu nachzukommen, und die Versuchungen zu Haß und Feindschaft zu überwinden? Woher werden wir die Hilfe erlangen, unserer eigenen Schwäche und Leidenschaft nicht zu unterliegen, sondern durch sie vielmehr zur christlichen Selbstverläugnung ermuntert und erhoben zu werden? Wir haben einer Seits die erhabenen Heilsmittel der Gnade unsers göttlichen Herrn und Heilandes, der in der Erlösung unserer Schwäche und Verderbtheit rettend zu Hilfe kommt. Benützen wir diese würdig und treu im Gebete, in den Sakramenten, zu denen wir unsere Zuflucht nehmen sollen. Anderseits wird uns hiezu Hilfe in dem Beispiele unseres Heilandes selbst, und in dem seiner treuen Diener, die als Leuchter stets vor unserm Geistesauge stehen. Konnten nach dem Beispiele und durch die Gnade Jesu Christi seine Diener die Feinde, und zwar welche Feinde, von Herzen lieben und diese Liebe selbst durch die größten Opfer bethätigen, ja nicht selten durch das Opfer ihres Lebens; warum sollten nicht auch wir mit derselben Gnade Gottes eine solche Liebe auszuüben vermögen? O, sehet hin, Geliebte im Herrn, nach dem Erzhirten der Kirche! Blicket hin nach Rom auf Pius IX., den Nachfolger des Apostelfürsten, den Vater der Christenheit! Welch erhabenes Beispiel der Versöhnlichkeit stellt sich uns dar im Statthalter Christi, in dem Steuermanne, der eben das Schifflein Petri durch die stürmischen Wogen lenkt! Ihr Alle, Geliebte im Herrn, kennt die Verfolgung, welcher Pius ausgesetzt ist, seitdem er auf den Stuhl Petri erhoben worden. Wie wurde die Milde und Versöhnlichkeit, welche er den anerkannten Feinden des heil. Stuhles angedeihen ließ, als er diesen bestieg, mit Un=

dank, Treulosigkeit, Verrath, Verdrängung aus der ewigen Stadt vergolten! Wie wird er seit seiner Rückkehr, die er nur durch väterliche Wohlthaten auszeichnete, mit Lug und Trug, mit Verläumbung, Gewaltthätigkeit und Herabwürdigung mißhandelt! Der Statthalter Christi sieht, wie die Revolution dahin strebt, alles göttliche und menschliche Recht zu zerstören. Er sieht, wie sie mit allen ihren Anhängern dahin arbeitet, die Religion herabzuwürdigen und die Kirche zu untergraben, damit die von Gott gesetzte Ordnung auf Erden unter den Trümmern verschüttet werde. Welch ein Haß, welch eine Feindschaft, welch eine Verfolgung! Und gälte dieses blos der Person des heil. Vaters, so würde es ihn weniger mit Besorgniß und Leiden erfüllen; allein diese Drangsal, dieser Verrath, diese Gewaltthätigkeit breiten sich aus über die Kirche, über ihre Anstalten, ihre Diener, ihre Kinder, und es werden, wenn Gott nicht wunderbar Einhalt thut, Verderbniß und Trübsal über Länder und Völker hereinbrechen. Dieser Kummer des Vaters der Christenheit muß um so bitterer seinem Herzen sein, da er sieht und hört, wie Lüge und Heuchelei sich verschwören, um ihn und die kath. Welt über die schlimmen Absichten und drohenden Gefahren zu täuschen, und das Werk der Finsterniß unvermerkt zu einer vollendeten Thatsache zu machen. Und doch sehet ihr den Statthalter Christi, gleich seinem göttlichen Meister, nicht Böses mit Bösem vergelten. Ihr sehet ihn dem hereinbrechenden Verderben wie eine Mauer sich entgegensetzen. Ihr höret ihn väterlich mahnen, drohen und auf die Strafgerichte Gottes hinweisen, und sie gemäß seines obersten Hirtenamtes verkünbigen. Ihr wißt aber auch, mit welcher oberhirtlichen Sorgfalt er über das Heil der Völker wacht und ihre Fürsten auffordert, für die höchsten Güter der Menschheit, für die Liebe zur Religion und deren treue Uebung zu sorgen. Ihr habt oft schon und neulich noch vernommen, wie unablässig der heil. Vater betet und zu beten empfiehlt, damit Gott allen Irrthümern, allen Drangsalen und Verfolgungen seiner Kirche Einhalt thue, ihr Friede und Freiheit gebe, und die menschliche Gesellschaft von den schweren Uebeln befreie, von denen sie betroffen ist. Das ist die wahre christliche Liebe in Wort und That, selbst gegen den Feind.

Zu dieser erhabenen Tugendübung werden wir aber auch endlich stets und ununterbrochen gemahnt durch unsern Namen. Wir nennen uns Christen. Soll dieser Name nicht uns mahnen, **alle Bosheit, Arglist und Neid abzulegen**, wie der heil. Petrus den Gläubigen schreibt (1. Petr. 2, 1 ff.), **wenn wir anders gekostet haben, wie lieblich der**

Herr ist? Wir tragen Christi Namen, laßt uns auch Christum in Gesinnung und That anziehen. Blicken wir doch so oft auf zum Kreuze, an dem der Heiland, hängend zwischen Himmel und Erde, Gott mit den Menschen ausgesöhnt hat, indem er unsern Schuldbrief mit seinem Blute am Kreuzesstamme anheftete und auslöschte. Du aber, o Mensch, wolltest der Schuld deines Nebenmenschen in bitterer Feindschaft stets dich erinnern, und ihm Böses mit Bösem vergelten! Wir vereinigen uns um den Altar im Hause Gottes, auf dem das blutige Opfer am Kreuz unblutig vergegenwärtigt, und die ewige Versöhnung zwischen Gott und den Menschen gefeiert wird. Du, o Mensch, willst aber den Groll nicht in deinem Herzen auslöschen, der gegen deinen Mitmenschen dort entbrannt ist! Hörst du denn nicht, was dein göttlicher Lehrer gesagt, der noch sterbend für seine Feinde gebetet hat: Wenn du dein Opfer zum Altare hinbringst und erinnerst dich dort, daß dein Bruder etwas wider dich hat, so laß dort dein Opfer vor dem Altare, und gehe hin, und versöhne dich zuvor mit deinem Bruder, und dann komme und opfere deine Gabe. Wir sammeln uns um den Tisch, damit wir mit unserm göttlichen Heiland und Bruder das Liebesmahl genießen, da er uns seinen Leib zur Speise und sein Blut zum Tranke darreicht. O lege doch ab allen Haß und vereinige dich in heiliger Liebe mit deinem Bruder, sonst ißest und trinkest du dir den Tod! Wir beten oft zu unserm Vater im Himmel um Vergebung unserer Schuld; willst du, Unversöhnlicher, daß Gott deine Schuld dir um so schwerer anrechne und sie dir nicht vergebe, weil auch du deinen Schuldigern nicht vergibst? Und wer von uns schaut nicht oft empor zum himmlischen Vaterhaus, und sehnt sich dort aufgenommen zu werden? Wissen wir nicht aber auch, daß nur die Söhne des Friedens und nicht die Kinder des Zornes in das Himmelreich eingehen? O, daß auch wir zu den Friedfertigen gehören, die selig gepriesen werden — selig hienieden schon auf der Pilgerschaft im Reiche Gottes, selig bereinst als Erben der himmlischen Herrlichkeit!

Die Gnade unsers Herrn Jesus Christus sei mit uns Allen. Amen.

Gegeben zu Speyer am Feste Pauli Bekehrung (25. Januar) 1867.

† **Nicolaus**, Bischof.

Der Beruf Petri.

Hirtenbrief

des

Hochwürdigsten Herrn Bischofs von Speyer

zur

achtzehnten Säcular=Feier

des

Martyriums des Apostelfürsten,

1867.

Speyer.
Daniel Kranzbühler'sche Buchdruckerei.

BIBLIOTHECA S. J.
Maison Saint-Augustin
ENGHIEN

S 19 b

Nicolaus,

durch Gottes Barmherzigkeit und des Apostolischen Stuhles Gnade Bischof von Speyer,

allen Geistlichen und Gläubigen der Diöcese Gruß und Segen in unserm Herrn Jesus Christus.

Achtzehnhundert Jahre sind vorübergegangen, seit der Apostelfürst Petrus in Rom des glorreichen Martertodes für Jesus Christus und seine Kirche gestorben ist. Darum wird in diesem Jahre der Todestag des heil. Petrus in der Hauptstadt der Christenheit mit außergewöhnlicher Feier begangen. Doch nicht nur für die Bewohner der ewigen Stadt wird dieser Tag ein hochfeierlicher sein, und nicht in die Ringmauern der alten Weltstadt wird dieses Fest eingeschlossen bleiben. In diesen Mauern steht der Stuhl des Apostelfürsten, und durch diesen Sitz ist Rom abermals in erweiterter und erhöhter Bedeutung Hauptstadt der Welt geworden. Erhabenes, rührendes Schauspiel, welches der Erdkreis uns in diesen Tagen bietet! Ueber die Alpen, über das Meer, vom Aufgange und vom Niedergange der Sonne kommen die Hirten, kommen die Pilger. Die Brüder kommen, auf daß sie Petrus stärke; die Kinder nahen, damit sie das Angesicht des geliebtesten aller Väter sehen. Was der Prophet Jerusalem zuruft, das dürfen wir Rom zurufen (Is. 60, 4 ff.): Erhebe deine Augen ringsum und schaue! Sie alle sammeln sich, kommen zu dir; deine Söhne kommen aus der Ferne, und deine Töchter erstehen zur Seite. Dann wirst du schauen und überströmen, und erbeben wird und sich erweitern dein Herz, wenn sich gewendet zu dir des Meeres Fülle, die Macht der Völker gekommen ist zu dir.

Und weit über das Weichbild der Siebenhügelstadt dehnt sich des seltene Fest aus; sein heiliger, frieblicher Jubel bringt über Land und Meer, durch all das Kriegsgetöse und Wortgezänke, welches die schwer heimgesuchten Völker erschreckt. An dieser Festfeier nimmt die ganze über die weite Erde verbreitete Kirche allerwärts den innigsten Antheil. Ist es doch das Fest, welches im erhabensten Sinne des Wortes ein katholisches ist; das Fest der Mutterkirche, mit welcher alle einzelnen Kirchen des Erdenrundes durch das Band kindlicher Liebe und Gehorsams vereinigt sind, in der sie ihre Lehrmeisterin erkennen, ihre höchste Wächterin verehren, in der sie den Mittelpunkt ihrer Einheit bewahren.

Schauen wir aber, denn dazu fordert uns dieses Fest vor Allem auf, von seinem Zeitpunkte die verflossenen Jahrhunderte der Kirche hinauf, welcher Wechsel der Zeiten und ihrer Ereignisse bietet sich unserm betrachtenden Blicke dar! Und doch wie unangetastet steht der Fels der Kirche in den Stürmen der Weltgeschichte! Es ist ein wunderbares Ineinandergreifen des Menschlichen und des Göttlichen, des Niedern und des Höhern, des Irdischen und des Ueberirdischen, worin sich die Gestaltung des Reiches Gottes auf Erden bis zu dieser Stunde offenbart. Die Allmacht Gottes bewährt sich unablässig daran, und selbst wider Willen muß ihr die menschliche Ohnmacht und Schwäche dabei dienen. Ja selbst der scheinbare Sieg der Welt über die Kirche ist stets wieder die Vorbereitung zu einem neuen Triumphe der Wahrheit und der Gnade. Wie die Welt den Herrn und Heiland, als er in sein Eigenthum kam, nicht aufgenommen hat, so wollte sie auch sein Reich, die Kirche, nicht aufnehmen. Der Löwe vom Stamme Juda hat aber gesiegt, er hat die Welt überwunden; und so mußte auch die Welt das Reich Gottes in ihrer Mitte Wurzel fassen und zu einem Baume aufwachsen laßen, der über die Erde sich ausbreitet, so daß die Vögel des Himmels kommen und wohnen in seinen Aesten (Matth. 13, 31).

Diese wunderbare Gestaltung und Entwicklung der Kirche durch alle Jahrhunderte bis an's Ende der Welt ist ein Geheimniß der göttlichen Allmacht, Weisheit und Barmherzigkeit, deren innerer Zusammenhang dem beschränkten Blicke des Geschöpfes verborgen bleibt. Aber wohin wir in der Geschichte der Kirche blicken, erkennen wir diese Führung des erlösten Menschengeschlechtes überall in großen, oft erschütternden Zügen, wie sie uns im reinen, fleckenlosen Vorbilde, in unserm Herrn und Heiland Jesus Christus selbst, offenbar wird. Der ewige Sohn Gottes hat sich vorerst erniedrigt bis zur Entäußerung seiner ewigen, göttlichen Herrlichkeit. Und dieses hat der wesensgleiche Sohn des Vaters dadurch gethan, daß er Mensch geworden und Knechtsgestalt angenommen hat und gehorsam war bis zum Tode des Kreuzes. So hat er das gottmenschliche Werk unserer Erlösung vollbracht. Dafür aber hat ihn auch Gott erhöht und ihm einen Namen gegeben, der über alle Namen ist, damit im Namen Jesu jedes Knie sich beuge, derer die im Himmel, auf Erden und unter der Erde sind, und jede Zunge bekenne, daß der Herr Jesus Christus ist in der Glorie Gottes des Vaters (Phil. 2, 6 ff.). Und wie mit Christus, so mit der Kirche, welche nichts anderes ist, als der geheimnißvolle Leib Christi, davon er selbst das Haupt und wir die Glieder sind. Aus der Niedrigkeit und Schwäche der Menschenkinder hebt der Heiland, der Sohn Gottes, seine Auserwählten empor zur fortwährenden Theilnahme an seinem gottmenschlichen Werke der Erlösung der gefallenen Kinder Adams, und ihre Schwäche überkleidend mit seiner Macht, rüstet er sie mit der Fülle seiner himmlischen Gnaden dazu aus.

Was aber so mit jedem Gefäße der Auserwählung in

der Kirche, was mit Nationen, was mit jedem Einzelnen unter uns in seinem Berufe zum Heile in Christus geschieht, das muß sich, wenn auch immerhin geheimnißvoll, doch im klarsten Lichte darstellen an dem Apostel, zu dessen Feste sich jetzt der ganze katholische Erdkreis erhebt; an Petrus, dem die oberste Leitung der Kirche anvertraut ward, damit er die kaum gegründete Kirche regiere, und die empfangenen Schlüssel des Himmelreiches mit ihrer ganzen Vollgewalt allen seinen Nachfolgern überliefere. Ein Gefäß der Auserwählung, aber ein zerbrechliches, in so weit ein Mensch auserwählt wurde; ein wunderbar reiches und gesegnetes Gefäß der Auserwählung, in so fern es die Gnade von Oben erfüllt. Das war auch Petrus, das ist Pius IX., und die mehr als britthalb hundert Bischöfe von Rom waren es Alle, welche in festgeschlossener Kette die von Christus eingesetzte Würde des Primates von dem galiläischen Fischer auf den jüngsten der Päpste übertrugen. In der Einsicht in diese Wahrheit liegt für uns Menschen etwas Demüthigendes, aber desto heller erstrahlt die Ehre Gottes. Und zugleich ist diese Erkenntniß in die Führung der Kirche die Quelle reichsten Trostes für uns; denn wir erkennen die Vollkommenheit und Unantastbarkeit Alles dessen, was göttlicher Ordnung und göttlicher Führung in der Kirche ist; uns aber als unwürdige Werkzeuge erachtend, sprechen wir mit dem heil. Paulus: „Wenn ich schwach bin, dann bin ich stark." (II. Cor. 12, 10.)

Schauen wir nur hin auf den Apostel Petrus, den der Heiland zum Oberhaupte der Kirche, zu seinem Statthalter **auserwählt** und **bestimmt** hat. Ist nicht schon die erste Begegnung mit Petrus durch ein Ereigniß von wunderbarer Vorbedeutung ausgezeichnet, die der Berufung des Apostels das Siegel der göttlichen Weisheit und Allmacht von Anfang aufgedrückt hat? Als Simon, der Sohn Jona's, durch seinen Bruder Andreas mit dem Bemerken: Wir haben den Heiland gefunden (Joh. 1, 41), zu Jesus geführt wurde, sah ihn der Heiland an und sprach: Du bist Simon, der Sohn des Jonas, du wirst genannt werden Kephas, was verdolmetscht wird Petrus. Der Name Simon sollte, nach des leiblichen Vaters Absicht, seinen Sohn bezeichnen in der Ordnung der Natur unter den Menschen. Der Name Petrus aber ward weder vom leiblichen Vater noch von Simon selbst gewählt, sondern vom Herrn ertheilt, als Bezeichnung des höhern Berufes, in welchem der Apostel in das Reich der übernatürlichen Ordnung eintreten sollte. Und wie bedeutsam! Schon die Berufung eines jeden Apostels war eine göttliche Leistung ganz besonderer Art, indem das ihnen zugewiesene Amt eine Würde ist, die alle Erdenwürden übersteigt. Was aber mußte dem Apostel bestimmt sein, welcher einen neuen Namen erhielt und Fels genannt wurde?

Wie sich aber die höhere Absicht, welche der Heiland in Gründung des Gottesreiches mit Petrus hatte, alsdann geheimnißvoll andeutet in der bevorzugten Wahl, da er unter den zwei Fischerschiffen, die am See Genesareth standen (Luk. 5, 2 ff.), das des heil. Petrus auswählt, sich darin niedersetzt und von diesem Schiffe aus die Volksschaaren lehrte: so thut der Heiland seinen göttlichen, gnadenreichen Willen noch deutlicher kund, als er zu Simon gesprochen: Fahret hinaus in die Tiefe, und werfet eure Netze aus zum Fange. Wie wunderbar ist dieser Fischfang gewesen! Petrus entgegnete dem Heilande damals: Lehrer, wir haben die ganze Nacht uns gemühet und nichts gefangen; jedoch auf dein Wort hin will ich das Netz auswerfen. Und sie bekamen eine so reichliche Menge Fische hinein, daß das Netz zerriß, und sie beide Schiffe anfüllten, so daß sie nahezu versanken. Wie hoch begnadigt aber einerseits Petrus sich fühlte, um so mehr erkannte er andererseits auch seine Unwürdigkeit. Er fiel hin vor die Kniee Jesu und sagte: Gehe hinweg von mir; denn ich bin ein sündiger Mensch, Herr. Welcher Glaube, welche Demuth und Ehrfurcht liegt in diesem Bekenntnisse! Der Heiland aber sprach: Fürchte dich nicht, von jetzt an wirst du Menschen fangen. Die Erhabenheit Gottes und die menschliche Armseligkeit, wie bewähren sie sich nicht in diesem einfachen und doch so wichtigen evangelischen Ereignisse! Petrus und seine Gefährten verließen aber Alles und folgten Jesu nach.

Wem, Geliebte im Herrn, kann unbekannt sein, daß von den ältesten Zeiten an das Schiff Petri von der Kirche gedeutet wurde, und daß hier in That und Wort des Heilandes die Vorbestimmung Petri zum Oberhaupte der Kirche bezeichnet sei? Müssen wir nicht aber auch hier schon beherzigen, daß je höher die Würde, desto größer die Demuth, — und ebenso, daß, je schwerer die Aufgabe, desto kräftiger die Hilfe sein müsse? Und wahrhaft! Der gesagt hat: Ich werde dich von jetzt an zum Menschenfischer machen, und der das in seinem Namen ausgeworfene Netz so überreichlich gesegnet hat, er hat den göttlichen Auftrag im Träger auch mit göttlichen Kräften gestärkt, damit das im Namen Jesu ausgeworfene Netz die Menschen in Menge fasse und das Himmelreich mit ihnen erfülle.

Die vor allen übrigen Aposteln ausgezeichnete Bestimmung des heil. Petrus für das Reich Gottes gab sich aber auch, wenn wir dem Evangelium weiter folgen, ferner kund in der Gnade, welche dem Petrus zu Theil geworden, das erhabene Geheimniß des Glaubens zu erfassen, welches der Heiland nach der wunderbaren Brodvermehrung zur Speisung vieler Tausenden verkündete; jenes Geheimniß, welches dann der Heiland beim letzten Abendmahl vollbrachte und zum Andenken seines Leidens anordnete, als die stets unblutige Vergegenwärtigung seines blutigen Kreuztodes, und als die

Speise und den Trank in seinem Fleische und Blute, damit seine Erlösten das Leben aus Gott haben. Damals traten Viele der Jünger des Herrn, ungläubig gegen dieses Wunder der ewigen Liebe des Heilandes, von seiner Nachfolge zurück. Jesus aber sprach zu den Zwölfen: **Wollt etwa auch ihr weggehen?** (Joh. 6, 68.) Welch eine Prüfung des Glaubens! Petrus nun antwortete im Namen der Apostel: **Herr! zu wem sollten wir gehen? Du hast Worte des ewigen Lebens, und wir haben geglaubt und erkannt, daß du bist Christus, der Sohn des lebendigen Gottes.** So muß der sprechen, der als Führer an die Spitze Jener gestellt werden soll, welche die ungläubige Welt bekehren sollen. So muß der glauben, welcher der unverrückbare Fels bleiben soll, auf welchem sich die Kirche Christi erbaut.

So erhaben aber auch der Glaube des heil. Petrus in der Prüfung durch das Geheimniß des Glaubens, wie die Kirche das allerheiligste Altarssakrament nennt, sich bewährte; es hatte sich schon kurz vorher die menschliche Gebrechlichkeit gezeigt, die stets der göttlichen Gnadenunterstützung bedarf. Als nach der wunderbaren Speisung der Volksschaaren die Apostel auf Geheiß des Heilandes allein zu Schiffe stiegen, um über den See zu fahren, erhob sich in der Nacht ein gewaltiger Sturm, so daß das Schiff von den Wellen umher geschleudert wurde. (Matth. 14, 24 ff.) Mitten in dieser Gefahr, gegen die Morgendämmerung, kam Jesus zu ihnen, wandelnd über das Meer hin. Die Apostel erschracken und schrieen vor Furcht ein Gespenst zu sehen. Jesus aber rief ihnen zu: **Habt Muth! ich bin's; fürchtet euch nicht.** Sogleich rief Petrus ermuthigt dem Heilande entgegen: **Herr, wenn du es bist, heiße mich zu dir kommen über das Meer hin.** Auf das Wort Jesu: **Komm,** steigt Petrus aus dem Schiffe und wandelt auf dem Wasser, um zu Jesus zu kommen. Allein im Schrecken vor dem Winde, der sich heftiger erhebt, läßt er seinen Glauben sinken. Herr, rette mich! schreit der Verzagte auf, der nun wirklich sinkt. **Kleinmüthiger, warum hast du gezweifelt!** straft ihn Jesus, und reicht ihm helfend die Hand. So war Petrus stark im Glauben, schwach im Augenblick des Zweifels; und nur Christus der Herr ist es, dessen Hand den zum Ersten der Apostel Bestimmten über den Wogen erhält.

Bald sollte sich aber der Rathschluß Gottes über die **Bestimmung** des heil. Petrus in dem Reiche Gottes in untrüglicher Weise kund geben. Ueber den Heiland und sein wunderbares Wirken war vielfach Rede unter den Menschen entstanden und verbreitet. (Matth. 16, 13.) Da fragte Jesus seine Jünger: **Wer, sagen die Leute, daß der Sohn des Menschen sei?** Die Jünger antworteten: **Die Einen: Johannes der Täufer, Andere hingegen: Elias, Andere aber: Jeremias, oder Einer der Propheten. Ihr aber, wer, sagt ihr, daß ich sei?** Es antwortete Simon Petrus und sprach: **Du bist Christus, der Sohn des lebendigen Gottes.** Welch ein Glaubensbekenntniß! Der **Sohn des Menschen,** wie der Heiland sich nennt, ist der **Christus, der Sohn des lebendigen Gottes.** In diesem Glaubensbekenntnisse ist das ganze Geheimniß der Erlösung enthalten und ausgesprochen. Christus, der Gesalbte Gottes, ist der Priester, der allein das Gottes würdige und für die Menschen versöhnende Opfer darbringen kann; der Prophet, der allein die untrügliche Wahrheit verkündet; der König, dem alle Gewalt gegeben ist im Himmel und auf Erden; der Sohn des lebendigen Gottes, Eins mit dem Vater von Ewigkeit, und Eins mit dem heiligen Geiste in dem anbetungswürdigsten Geheimnisse der allerheiligsten Dreifaltigkeit, welches uns Jesus Christus geoffenbart hat. Woher hat aber Petrus, der einfache und ungelehrte Fischer von Kapharnaum, der aus sich nichts voraus hat vor den andern Aposteln, den Glauben, die Kenntniß dieser Grundwahrheit des ganzen Christenthums erlangt? Der Heiland selbst gibt uns darüber untrüglichen Aufschluß, indem er zu Petrus spricht: Selig bist du, Simon, Jona's Sohn, weil nicht Fleisch und Blut dir es geoffenbart hat, sondern mein Vater, der im Himmel ist. Nicht aus menschlicher Einsicht hat der Apostel diese Erkenntniß, sagt der Heiland, sondern durch Offenbarung des Vaters im Himmel; und darum ist Simon selig, weil ihm das Geheimniß des Sohnes Gottes in Knechtsgestalt kund gegeben, und damit zugleich die höchste Würde im Reiche Gottes auf Erden beschieden worden (Matth. 20, 23), ein Geheimniß, von welchem Petrus später geschrieben (1 Petr. 1, 12), in welches die Engel gelüstet zu schauen.

Da nun Petrus so hoch vom Vater im Himmel begnabigt worden, daß er des Geheimnisses gewürdigt wurde, welches, wie der heil. Paulus an die Kolosser schreibt (1, 26), von Weltaltern und Geschlechtsfolgen her verborgen gewesen; so gibt ihm auch Jesus kund, wie seine erhabene Bestimmung im Reiche Gottes im Namen „Petrus" bezeichnet ist. Jesus sprach: Und ich sage dir, du bist Petrus (Fels), und auf diesen Felsen werde ich meine Kirche bauen, und die Pforten der Hölle werden sie nicht überwältigen. Es ist zweifellos wahr, das eigentliche Fundament dieser Kirche ist derselbe, welcher jenes Wort zu Petrus gesprochen, Jesus Christus, der Gottmensch. Auf ihn sind die Auserwählten eingebaut, wie uns der heil. Paulus lehrt (Eph. 2, 19 ff.), zu Heiligen und Hausgenossen Gottes, hinaufgebaut auf die Grundlage der Apostel und Propheten, indem Jesus Christus selber Haupteckstein ist, in welchem der ganze Bau zusammengefügt heranwächst zu einem heil. Tempel im Herrn, in welchem alle Auserwählten mit eingebaut werden zur Wohnung Gottes im Geiste. Aber Christus der Herr ist, aufgefahren gegen Himmel, dieser Irdischkeit entzogen, wo seine sichtbare Kirche, an welcher fort und fort gebaut wird, bis zum Ende der Zeiten eines sichtbaren Fundamentes bedarf. Dieses Felsenfundament ist Petrus, der Apostelfürst, und dessen Nachfolger im Oberhirtenamte, die Stellvertreter des Heilandes im Reiche Gottes auf Erden. Und dieser Grundfeste des sichtbaren Reiches Gottes auf Erden wird eine tröstliche Verheißung gegeben. Die Kirche Gottes muß ein unerschütterliches Fundament haben, weil sie in einen Kampf gestellt ist auf Leben und Tod, sie der lebendige Widerspruch der Wahrheit gegen die Lüge, sie die fortwährende und unermüdliche Spenderin der Gnaden inmitten einer die Gnade grundsätzlich verachtenden Welt, sie, welche den sündigen Leidenschaften der Menschen und den Anschlägen des Mörders von Anbeginn einen unversöhnlichen Krieg ankündigt bis auf diesen Tag. Hätte die Kirche nicht die untrügliche Verheißung, daß die Pforten der Hölle sie nicht überwältigen werden, wie könnte sie auf Erden unter den Menschen sicher und unversehrt bestehen? Der Satan, der im Paradiese unsere Stammeltern verführt und das ganze Menschengeschlecht in die Sünde und das Verderben gestürzt hat, läßt nicht ab vom Werke des Verderbens, und das in der Sünde verkehrte Menschenherz ist nur zu leicht geneigt, sich gegen Gott zu empören und sich gegen die Kirche in Haß und Verachtung zu kehren. Bemerken wir aber wohl, daß der Heiland nicht gesagt hat, die auf den Felsen gebaute Kirche werde unangefochten sein, oder die Bewohner dieser Felsenburg würden nie beängstigt, nie angegriffen, nie verwundet werden. Die trostreiche Verheißung lautet nur dahin, daß der Satan mit seinen bösen Engeln und mit den Mächten der im Argen liegenden Welt nicht die Oberhand über die Kirche erhalte, nichts gegen die Kirche vermöge, nicht die Kinder der Kirche vom Felsen losreißen, oder auf dem Felsen verderben dürfe, so lange sie selbst mitten in den ringsum gegen den Felsen sich aufthürmenden Fluthen unter der schützenden Obhut treu beharren. Zum Schutze und zum Heile der Kinder der Kirche ist darum auch dem Apostelfürsten eine segen= und heil= spendende Gewalt verliehen worden, welche die Erde und den Himmel, die Zeit und die Ewigkeit umfaßt. Der Hei= land hat zu Petrus gesagt: Und geben werde ich dir die Schlüssel des Himmelreiches. Und was im= mer du gebunden haben wirst auf der Erde, wird gebunden sein in den Himmeln; und was immer du gelöst haben wirst auf der Erde, wird gelöst sein in den Himmeln. Das soll der Beruf, das Amt des heil. Petrus als Statthalter Jesu Christi in der Kirche sein, daß er als Schlüsselträger in die Kirche aufnehme und aus der Kirche ausschließe auf Erden, welche dieser Gnade würdig oder unwürdig sind, und diese Aufnahme und dieser Ausschluß in der Kirche auf Erden soll die Aufnahme und der Ausschluß für die Kirche im Himmel sein. Petrus ist als oberster Verwalter eingesetzt im Hause des Herrn, wo er die Schlüssel führt. Das ist die Binde= und Lösegewalt, welche in der Kirche zum Heile der erlösten Menschheit dem Statthalter unseres göttlichen Heilandes an= vertraut ist, und nur nach seiner Vollmacht und unter seiner Obhut geübt werden kann. Wie groß und über alle mensch= liche Begriffe und Kräfte erhaben ist dieses dem Petrus verheißene Amt im Reiche Gottes auf Erden, und für das Reich Gottes im Himmel! Erscheint es nicht zu erhaben für einen Sterblichen, zu schwer für menschliche Schultern! Aber dies ist die göttliche Ordnung in der Kirche, daß der Mensch Werkzeug sei in der Hand Gottes zur Erlösung der Welt.

Hatte doch auch damals Petrus noch nicht erfaßt, wie dieses Gottesreich gegründet werde, und daß Christus, wie die Propheten vorhergesagt hatten, **Vieles leiden mußte, um in seine Herrlichkeit einzugehen** (Joh. 24, 26). Schwere **Versuchungen und Prüfungen,** die Gott zur **Läuterung** und Vollendung des Apostelfürsten zuließ, müssen über Petrus kommen, bevor er, durch den heiligen Geist in alle Wahrheit eingeführt, das Geheimniß vom Reiche Gottes in seiner Höhe und Tiefe erfaßte. Petrus und seine Mitapostel dachten und hofften, wie die Kinder des alten Bundes, eine Alles überragende irdische Macht und Herrlichkeit des Reiches Christi. Wie befremdend mußte es den Aposteln darum erscheinen, wie mußte es ihnen unverständlich sein, wenn der Heiland zu wiederholten Malen über seine Leiden Andeutungen gab, besonders aber da er sprach, er müsse hingehen nach Jerusalem, Vieles leiden von den Aeltesten, Schriftgelehrten und Hohenpriestern und getödtet werden, und am dritten Tage auferstehen. Petrus in seiner eifervollen Liebe wollte den Herrn von diesem Wege abhalten und sagte: **Herr, nimmer wird Dir Solches geschehen!** Ernst aber weist der Herr den zum Schlüsselträger des Reiches Gottes auserwählten, aber noch im Irdischen befangenen Apostel zurück, da er sprach: Weiche zurück hinter mich, Satan! Aergerniß bist du mir, weil du nicht auf das sinnest, was Gottes, sondern auf das, was der Menschen ist. Der Heiland steht nicht an, den Apostel, welchen er den Fels geheißen, worauf er seine Kirche bauen will, hier mit dem Namen des Widersachers zu belegen, mit welchem die Schrift den Teufel bezeichnet: **Weiche zurück, Satan!** Und in der That, wie der Teufel, welcher auch den Herrn in der Wüste versuchte, der eigentliche Widersacher aller Rathschlüsse Gottes ist, welche auf die Erlösung des Menschengeschlechtes abzielen; so läuft hier Petrus in seinem irdischen Sinne Gefahr, ein Widersacher des Leidens und Sterbens seines Heilandes zu werden, in welchem die Erlösung vollbracht werden sollte. Daher das strenge Wort des Herrn, welches dem strauchelnden

Apostel sofort das Trugbild der weltlichen Herrlichkeit des Messias zerstören und ihn lehren mußte, auf das zu sinnen, was Gottes ist. Christus aber zögert nicht und bestimmt klar und genau den einzig möglichen Weg seiner Nachfolge. Es ist der Weg des Kreuzes (Matth. 16, 24): **Wenn Jemand mir nachgehen will, der verläugne sich selbst, nehme sein Kreuz auf sich und folge mir nach!** Wie tief und ernst mußten solche Worte in die gläubige Seele des Apostels bringen, der mit entschlossener Grabheit des Herzens sich zu dem Heilande der Welt bekennt.

Aber die Prüfungen des Apostelfürsten waren noch nicht zu Ende. Zu seinem Heile und zu unserm Frommen sollte er noch ernster in die Schule der Verdemüthigung geschickt werden; damit er bewährt werde für sein erhabenes Amt und, auf den Gipfel der apostolischen Gewalt in der Statthalterschaft Christi gestellt, zerknirschten Herzens sich mit dem geliebten Mitapostel zurufe (1. Kor. 4, 7): **Was aber hast du, das du nicht empfangen hättest? Wenn du aber empfangen hast, was rühmst du dich, als ob du nicht empfangen hättest?** Wahrhaft eine schwere Versuchung und Prüfung stand noch dem Apostel Petrus bevor. Nach dem letzten Abendmahl, als der Herr auch dem sich weigernden Petrus die Füße gewaschen hatte und seinen Leidensgang antrat, sagte er zu seinen Aposteln (Matth. 26, 31): **Alle werdet ihr geärgert werden an mir in dieser Nacht.** Petrus aber entgegnete: Wenn Alle werden geärgert werden an dir, niemals werde ich geärgert werden. Und da der Heiland sprach: Wahrlich, ich sage dir: daß in dieser Nacht, bevor der Hahn kräht, dreimal du mich verleugnen wirst; so erwiederte Petrus: Und so ich auch müßte sterben mit dir, nimmer werde ich dich verleugnen. Gleicherweise sprachen auch die Jünger alle. Daß sie den Heiland verlassen, ihn verleugnen, ihm untreu werden könnten, das vermochten die Apostel nicht zu denken. Wie konnten sie aber auch all die Verfolgung, all das Leiden, all die Schmach, den schreckenvollen Tod nur ahnen, die der Heiland auf sich nehmen wollte? Aber die Weissagung ging in Erfüllung: **Der Hirt wird geschlagen werden und die Schafe der Heerde werden sich zerstreuen.** Sie ging in der beklagenswertheften Weise in Erfüllung an dem Ersten der Apostel, welcher den Herrn nicht verlassen wollte, aber ihn alsbald sogar verleugnete. Sie ging an ihm in Erfüllung, obgleich ihn der Herr gewarnt, obgleich er die liebenden, tröstlichen Worte zu ihm gesprochen (Luk. 22, 31 ff): **Simon! sieh, der Satan hat nach euch begehrt, um euch zu sieben wie den Weizen, ich aber habe gebetet für dich, daß dein Glaube nicht aufhöre, und du, wenn du umgekehrt sein wirst, befestige deine Brüder!** Dem Satan wurde gestattet die schwerste und schmachvollste Versuchung über die Apostel, besonders aber über Petrus zu bringen. Und der Satan hat in jener Stunde der Finsterniß Alles aufgeboten, die Apostel zum Falle zu bringen und, wenn möglich, den Felsen zu zertrümmern, auf welchen die Kirche erbaut werden sollte.

Bei der Gefangennehmung des Heilandes ergriffen alle Apostel die Flucht; nur Petrus und Johannes folgten ihm von Ferne nach in das Haus des Hohenpriesters. Dort war es, wo der Satan den Apostelfürsten zum Falle und zu der dreimaligen Verleugnung Jesu Christi brachte. Und diese dreimalige Verleugnung ließ Petrus sich zu Schulden kommen auf die Anrede einer Dienstmagd des Hohenpriesters, auf die Einsprache niederer Diener. So hat Petrus, ehe der Hahn krähte, dreimal den Herrn verleugnet. Welch eine Verschmähung des göttlichen Heilandes, welch eine Beleidigung, welch eine Betrübniß für den so grausam verfolgten Herrn und Meister! Und welch eine Schwäche, welch eine Sünde des Hauptes der Apostel! O, beherzigen und beklagen wir die Gebrechlichkeit des Menschen, auch des erhabensten Menschen, die Gefahren, die vom Geiste der Lüge in schweren Versuchungen auch den Auserwählten bereitet werden können, die schweren Fehler und Sünden, vor denen aus menschlicher Kraft Niemand gesichert ist! Bewundern wir aber auch die Führsehung und Gnade Gottes, die zur rechten Zeit die heilvolle Hilfe bereitet und gewährt! Beten wir an die erbarmende Liebe unseres Heilandes! Der Hahn krähte, und der Herr wendete sich um und blickte Petrus an, und es gedachte Petrus der Worte des Herrn: Ehe der Hahn kräht, wirst du mich dreimal verleugnen. Und Petrus ging hinaus und weinte bitterlich. O des Gnadenblickes, mit dem Jesus Christus mitten in seinen Schmerzen, mitten unter seiner Verschmähung den gefallenen Petrus angeschaut und ihn zur Reue erweckt hat! — O des segensvollen Gebetes, das Petrus, den Gefallenen, in Petrus, den Reuvollen, den Bekehrten umgewandelt hat! Der heil. Augustin sagt: „Siehe, der Festeste zittert bei einem Windstoße." Der Herr aber hat ihn aufgerichtet, der auch nicht zugelassen hat, daß sein Glaube aufhöre, und der ihm anbefohlen, daß wenn er umgekehrt sei, er seine Brüder stärke. Dieses gibt der ganzen Kirche und einem jeden Kinde der Kirche unendlichen Trost, himmlische Beruhigung. So groß auch der Fehler des heil. Petrus in der Verleugnung Jesu Christi war, sein Glaube konnte nicht erlöschen, nicht aufhören. Um das hatte der Heiland für ihn gebetet, und durch ihn, so groß auch die menschliche Gebrechlichkeit ist, soll der Glaube in den Brüdern gestärkt werden. Und Petrus lebt fort in seinen Nachfolgern, und auch in diesen, welche im Gebete für Petrus eingeschlossen waren, soll der Glaube, wie auch sonst menschliche Schwächen und Gebrechen vom Erdenleben unzertrennlich sind, nicht aufhören, und auch diese sollen ihre Brüder im Glauben bestärken. Der Glaube ist im Haupte der Apostel unter den besondern Schutz Gottes gestellt. Das ist die Wirkung des Gebetes Christi für alle Zeiten. Ja! Das ist die göttliche Führung des Stuhles Petri, das ist die Geschichte der Päpste aller Zeiten. O nur der Unkundige in der Geschichte der Kirche Christi auf Erden, oder der, welcher absichtlich den Thatsachen der Geschichte seine Augen verschließt, kann es verkennen, daß die Geschichte des Primates, in welchem die Geschicke der ganzen Kirche stets zusammengefaßt waren, seit beinahe zweitausend Jahren nichts anderes ist, als die wiederholte, gnadenvolle Erfüllung des Wortes beim letzten Abendmahle: Simon, Simon! sieh, der Satan hat nach euch begehrt, um euch zu sieben, wie den Weizen; ich aber habe gebetet für dich, daß nicht aufhöre dein Glaube, und du einst, nachdem du umgekehrt sein wirst, festige deine Brüder!

Die Stunde der Prüfung, die der göttliche Heiland den Aposteln und besonders dem Haupte der Apostel vorhergesagt, und in welcher Petrus bis zur dreimaligen Verleugnung tief gefallen, ist vorüber. Der Herr hat ihn mit dem Gnadenblicke angesehen, und in Thränen, deren Reuequelle nie versiegte, ist die Schuld gesühnt. Der unerschütterte Glaube des bekehrten Felsenmannes leuchtet kraft des Gebetes unseres Heilandes noch heller wie vorher im Kreise der Apostel. Und damit er alsbald durch das Zeugniß des Wunders der Auferstehung die Brüder stärken konnte, war ihm zuerst unter den Aposteln der auferstandene Gottmensch erschienen (Luk. 24. 34). Dann aber wird er während der vierzig Tage noch öfter mit den andern Jüngern gewürdigt des gnadenreichen Verkehres mit dem Heilande, welcher sie tiefer einführte in die Rathschlüsse Gottes über die Kirche, und sie vorbereitete auf die Herabkunft des heiligen Geistes. So trat der arme ungelehrte Fischer vom See Genesareth sein Amt an, welches das höchste unter allen irdischen Aemtern sein sollte. Er trat es an nicht aus eigener Willkühr und in falschem Selbstgefühle der natürlichen Befähigung dazu. Er trat es an im demüthigen Bewußtsein seiner Schwäche, welche ihn einst zur Verleugnung seines Herrn verleitet hatte, und ihm, einer alten Ueberlieferung gemäß, seine täglichen Reuethränen nimmer versiegen ließ bis zu seinem Tode.

Bedeutungsvoll ist aber besonders jene Erscheinung des auferstandenen Heilandes am See Genesareth, wo Petrus mit sieben andern Jüngern beim Fischfange war. Dort war es, wo nach dem Mahle, das ihnen der Herr bereitet hatte, Christus dem Petrus **das oberste Hirtenamt übertragen hat.** Das dreimalige Gelöbniß der Liebe, das der göttliche Hirt der Kirche von' seinem Stellvertreter zugleich forderte, war wohl auch eine Erinnerung an dessen dreimalige Verleugnung, schien eine Mahnung an seine menschliche Schwäche. Dadurch wurde aber auch das Gelöbniß jener Hirtenliebe besiegelt, die der oberste Hirt und Bischof unserer Seelen (1. Petr. 2, 25) von seinem Stellvertreter in seiner Nachahmung fordert, und welche dieser in seinem erhabenen Amte beweisen soll. Jesus sprach nämlich zu Petrus (Joh. 21, 15 ff.): S i m o n , J o n a s S o h n , l i e b s t d u m i c h m e h r , d e n n d i e s e? Petrus sagte zu dem Heilande: J a , H e r r! d u w e i ß t , d a ß i c h d i c h l i e b e. Jesus sagte zu ihm: W e i d e m e i n e L ä m m e r! Dann sagte er zum andern Male: S i m o n , J o n a ' s S o h n , l i e b s t d u m i c h? Petrus sagte zu ihm: J a , H e r r! d u w e i ß t , d a ß i c h d i c h l i e b e. Er sagte zu ihm: Weide meine Lämmer. Da sagte Jesus zu ihm zum britten Male: S i m o n , J o n a s S o h n , l i e b s t d u m i c h? Da ward Petrus traurig, weil er zu ihm zum britten Male gesprochen: L i e b s t d u m i c h? Und er sprach zu ihm: H e r r! d u w e i ß t A l l e s; d u w e i ß t , d a ß i c h d i c h liebe. Da sagte zu ihm Jesus: **Weide meine Schafe!** Es sind die Lämmer, es sind die Schafe, es ist die ganze Gemeinde der Erlösten, welche der Heiland um den Preis seines kostbaren Blutes sich zu eigen erkauft hat; es ist die Eine, die ganze Heerde, die geweidet werden soll durch den ihr bestellten Hirten Petrus; es ist die ganze Kirche, welche der oberste unsichtbare Hirt Jesus Christus, dem Petrus als seinem obersten sichtbaren Stellvertreter anvertraut und übergeben hat. Welch ein Amt! Welch eine Würde! Aber auch welch eine Verantwortung! Allein wie erhaben auch diese Würde ist, sie endigt auf dieser Welt für Petrus nicht anders als mit dem Kreuzestode, den ihm auch der Heiland damals schon andeutete, da er zu ihm sagte: **Wahrlich, wahrlich, ich sage dir: Als du jünger warst, gürtetest du dich, und wandeltest, wohin du wolltest. Wenn du aber alt geworden, wirst du beine Hände ausstrecken, und ein Anderer wird dich gürten und führen, wohin du nicht willst.** Dieß aber sprach Jesus, fügt der Evangelist bei, anzudeuten, durch welchen Tod er Gott verherrlichen würde. Und nachdem der Heiland so gesprochen, sagte er zu Petrus: **Folge mir!** An jenem Vorabende vor dem bitteren Leiden des Herrn beim letzten Abendmahle hatte Petrus voll Schmerz und Liebe den Heiland auf seine geheimnißvolle Rede gefragt: **Herr! wohin gehst du?** Und damals erhielt er von seinem Meister die abweisende Antwort (Joh. 13, 36): **Wohin ich gehe, dahin kannst du mir jetzt nicht folgen, aber später wirst du mir folgen.** Jetzt aber auferstanden ruft der Herr dem im Glauben befestigten Petrus feierlich zu: **Folge mir!** Wohin anders als in den Beruf die Heerde der Auserwählten auf Erden zu leiten durch Wort und That? Wohin anders als in den Kreuzestod?

Die **wirkliche Ausübung des Oberhirtenamtes Petri** in der Stellvertretung Jesu Christi begann mit der Himmelfahrt des Heilandes und entfaltete sich von da an, dem Geiste Christi entsprechend, in stiller Größe, in einfacher Majestät, wie Alles, was sich nach dem Rathschlusse Gottes Großes auf Erden vollzieht. Aber wird der Fischer aus dem unbekannten Städtlein Bethsaida in eigener Kraft sein Amt bekleiden, welches ihm eine geistliche Gewalt überträgt, wie noch Niemand auf Erden sie überkommen? Der scheidende Heiland hatte den Aposteln, dem Petrus an ihrer Spitze, da er ihnen die Sendung an alle Völker der Erde gab, die Verheißung beigefügt: Und siehe, ich bin bei euch alle Tage bis zur Vollendung der Weltzeit. Doch diese Verheißung genügt für Petrus und seine Mitapostel nicht; die Ausrüstung durch den heiligen Geist mit der Fülle der Gnade zu dem großen Werke der Bekehrung der Welt sollte nach der weitern Verheißung in Jerusalem in Erfüllung gehen. Darum blieben auch die Apostel dort einmüthig versammelt im Gebete, sammt den Frauen und Maria, der Mutter Jesu, und seinen Brüdern (Apostg. 1, 13 ff.). In dieser Versammlung nun stand Petrus schon als das sichtbare Oberhaupt der Kirche Christi auf und leitete die Wahl des Apostels Matthias, welcher an die Stelle des Verräthers Judas eintreten sollte, um die Zahl der Zwölfboten wieder zu vervollständigen. Als aber am Pfingstfeste die gnadenreiche Stunde gekommen war, in welcher der heilige Geist plötzlich vom Himmel her in gewaltigem Sturmeswehen das Haus erschütterte und in getheilten Zungen, wie von Feuer, erschien und auf jeden Einzelnen sich niederließ, da wurde nicht nur die ganze Jüngerschaar erfüllt vom heiligen Geiste und dessen Wunderkräften; sondern vor Allen war es Petrus, der nunmehr mit der Kraft des heiligen Geistes ausgerüstet, zuerst der Menge der Menschen, die sich um das Haus versammelte, die Freudenbotschaft verkündigte von Jesus Christus, dem Gekreuzigten, aber von den Todten Auferstandenen, in dessen Name getauft werde zur Nachlassung der Sünden und zum Empfange der Gaben des heiligen Geistes. Es war derselbe Petrus, welcher in jener Nacht von demselben Christus, den er jetzt frei und muthig vor aller Welt bekannte, gesagt hatte: Ich kenne diesen Menschen nicht. Es war derselbe Petrus, aber erfüllt vom heiligen Geist. Und siehe, aus den Versammelten, von denen Manche das wunderbare Ereigniß anstaunten, während Andere darüber spotteten, ließen sich gegen breitausend Seelen durch die Taufe der Kirche einverleiben.

Wie vermöchte ich euch aber, Geliebte im Herrn, den heil. Petrus in der ganzen Fülle seiner apostolischen Wirksamkeit zu schildern, womit er in Judäa die Kirche Christi begründet und nun sie ausbreitet über den ganzen Erdkreis? Erzählt doch auch Schrift und Ueberlieferung nur das Wenigste davon, allerdings wohl in solcher Weise, daß jedes Wort bedeutungsvoll ist und auf die Erfolge der Sendung schließen läßt, zu welcher Petrus berufen war. Nachdem er dort zu Jerusalem gleich am Pfingstfeste vor vielen Tausenden aus Judäa und Jerusalem Jesum Christum, den Gekreuzigten und Auferstandenen, als den von Gott verheißenen Weltheiland verkündigt und dadurch Tausende durch die heil. Taufe in die junge Kirchengemeinde Jesu Christi eingeführt hatte, war der Apostelfürst unermüdlich in Erfüllung seines erhabenen Berufes bis an das Kreuz. Ach! in seinem Ohre und in seinem Herzen klang tagtäglich wieder das Wort seines von ihm einst verleugneten und doch so heißgeliebten Meisters: Folge mir nach! Sehet ihn dort an der schönen Pforte des Tempels, wo er einem Lahmgeborenen im Namen Jesu die gesunden Glieder gibt und Jesum Christum vor allem Volke verkündigt! Sehet ihn, wie er damals und bei andern Gelegenheiten unerschrocken das Zeugniß für Jesus Christus ablegt vor dem hohen Rathe und im Vereine mit den übrigen Aposteln, da ihnen dieser die Predigt im Namen Jesu verbieten will, und wie er den Hohenpriestern und Aeltesten entgegnete: Urtheilet selbst, ob es Recht ist, den Menschen mehr als Gott zu gehorchen! Und selbst als sie in den Kerker geworfen und gegeißelt worden, ging Petrus mit den übrigen Aposteln freudig von bannen, weil sie gewürdigt wurden, für den Namen Jesu zu leiden. Sehet ihn dort, wie er als Oberhaupt der Kirche das ernste, höchste Richteramt gegen unwürdige Glieder übt, die schon im Beginn der heil. Gemeinde, die Ein Herz und Eine Seele war, sich eindrängten; wie er die Lüge und Heuchelei in Kraft des heiligen Geistes enthüllt, und Ananias und Saphira vom jähen Tode ereilt worden, und der Schrecken des Herrn über die ganze Gemeinde sich verbreitet! Sehet ihn in Samaria den Frevel Simon des Magiers zurückweisen! Siehe da! das Unkraut unter dem Weizen, da kaum die erste Aussaat des göttlichen Säemannes in der apostolischen Kirche aufgeht! Ein warnendes und doch wieder tröstliches Vorbild für alle Zeiten der Kirche bis zum jüngsten Tage. Sehet aber auch wieder hin in die Straßen Jerusalems! Die Apostel, durch deren Hände viele Zeichen und Wunder im Volke geschahen, schritten wohl täglich mit Petrus zur Halle Salomons im Tempel, um zu lehren. Da trug man in die Straßen die Kranken hinaus, wie die Apostelgeschichte erzählt (5, 15), und legte sie dort nieder auf Betten und Bahren, damit, wenn Petrus käme, sie selbst durch dessen Schatten geheilt würden.

Auf den Triumph der Kirche aber folgt alsbald wieder ein Kreuzweg. So war es von Anbeginn bis heute. Nicht lange, so brach die Verfolgung mit unwiderstehlicher Heftigkeit, wie es scheint, nicht blos durch die Juden gegen Stephanus, sondern auch durch den König Herodes gegen die Apostel aus, so daß Jacobus getödtet, und Petrus in's Gefängniß geworfen wurde. Wie bald hat aber Gott auch diese Anschläge der Höllenpforte vereitelt! Wunderbar wird Petrus durch einen Engel aus den Banden befreit. Gnadenvoll wird Paulus, der beim Tode des Stephanus so verblendet sich zum Mitschuldigen gemacht, auf dem Wege nach Damaskus, wo er die Verfolgung der Jünger Jesu fortsetzen wollte, durch die Erscheinung des göttlichen Heilandes in einen eifervollen Verkündiger des Evangeliums umgewandelt. Und welche barmherzige Fürsorge Gottes für die junge Kirche, für das Oberhirtenamt Petri in der Bekehrung der ersten Heiden und in deren Aufnahme in die Kirche! Wie Petrus schon früher selber mit Johannes nach Samaria zur Handauflegung und Ertheilung des heiligen Geistes gegangen war — das Urbild der Bischöfe, welche in der heil. Firmung dasselbe Sakrament ertheilen —; so unternahm er auch von Jerusalem aus nach den Tagen der ersten Verfolgung die erste oberhirtliche Rundreise zu den Gläubigen, welche sich im jüdischen Lande zerstreut hatten. Und nachdem er die Tabitha zu Joppe vom Tode erweckt hatte, ward er in einer himmlischen Erscheinung angewiesen, nicht mehr den Unterschied zwischen Juden und Heiden bestehen zu lassen, sondern den Hauptmann Cornelius, der ihn zu sich berief, und über den in seiner Anwesenheit wunderbar der heilige Geist seine Gnadengaben goß, in die Kirche aufzunehmen.

Seit dieser gnadenreichen Bekehrung wurden, wie auch der Apostelfürst mit den Aeltesten auf dem ersten Concilium zu Jerusalem entschied, die Heiden in die Kirche des neuen Bundes aufgenommen, ohne vorerst das Mosaische Gesetz und die Satzungen des alten Bundes angenommen zu haben, oder nachher dazu verpflichtet zu werden. Als jedoch Petrus später in Antiochien aus Schonung für die Judenchristen, die von Jerusalem kamen, sich von dem Tische und der Lebensweise der dortigen Heidenchristen wieder zurückzog, war es Paulus, der, wie er uns selbst erzählt (Gal. II.), dem Petrus Angesichts Aller entgegentrat, daß er nicht geraden Fußes wandele gemäß der Wahrheit des Evangeliums. Doch weder Paulus hat hier die schuldige Ehrfurcht gegen das Oberhaupt der Kirche verletzt; denn nicht Unehrerbietigkeit oder Unbotmäßigkeit, sondern die Liebe: Allen Alles zu sein, trieb ihn zu dieser Milde. Noch auch hat der Fels Petri gewankt, wenn Jener, der zum Träger des obersten Hirtenamtes auserkoren war, aus allzugroßer Nachsicht gegen den beschränkten Sinn der Judenchristen einen nicht geraden Weg einschlug. Aber eine Warnung und ein Beispiel für alle Zeiten gab uns jenes Verfahren des Paulus und das Verhalten Petrus zu Antiochien. Niemals aber hat in der Kirche der heilige, unerschrockene Eifer des Paulus gefehlt, wenn es galt, den strauchelnden Menschen zu mahnen, zu welchem in Petrus der Herr gesagt hat: Weide meine Lämmer! Weide meine Schafe! Ebenso haben die Nachfolger des heiligen Petrus auch nie vergessen, daß sie als Menschen fehlig sind und menschlichen Schwächen unterworfen; daß sie aber ihren höhern Beruf in Dessen Kraft erfüllen, der gesagt hat: Mir ist alle Gewalt gegeben im Himmel und auf Erden; und der für Petrus gebetet hat, daß sein Glaube nicht aufhöre, damit er die Brüder stärke.

Wie klar und lebendig aber Petrus den erhabenen Gedanken der göttlichen Sendung an alle Völker auffaßte und bethätigte, das hatte er nicht nur schon nach seiner Rückkehr von Cäsarea auf dem ersten Concilium der Kirche zu Jerusalem dargethan; er bewies es noch mehr dadurch, daß er — ohne Zweifel von göttlicher Erleuchtung getrieben, oder einen ausdrücklichen Befehl des Herrn vollziehend — seinen **Hirtenstuhl,** den obersten der Kirche, nicht etwa zu Jerusalem, der heiligen Stadt des alten Bundes, sondern **zu Rom aufschlug,** in der Hauptstadt der heidnischen Welt. Nach der Stadt der römischen Kaiser wanderte er, wo alle irdische Gewalt, vereint mit allen heidnischen Religionen, mit allem Aberglauben und Unglauben, allen Sünden und Lastern, die Herrschaft beinahe über die ganze Erde führte. Ein Fischer aus Galiläa, erscheint er in Rom und predigt dort das Evangelium, um die Gnade und Wahrheit Jesu Christi Hohen und Niedern, Reichen und Armen muthig und entschlossen zu verkünden und ihre Seelen für den Himmel zu retten. Welch ein Unternehmen! Die Thorheit des Kreuzes soll die Weisheit der Welt zum Glauben bekehren, daß nur in Jesu Christo Heil zu finden sei. Die Schmach des Kreuzes soll die Ehre der Welt zur Demuth und Sanftmuth Jesu Christi herabziehen, damit sie folgsam seine Lehre aufnehme. Die Selbstverleugnung am Kreuze soll die Selbstsucht des ganz heidnischen Lebens umwandeln in die gänzliche Hingebung an Gott, den Vater im Himmel, um wie er vollkommen zu sein. Die christliche Lehre und das christliche Leben den heidnischen Lehren und dem heidnischen Leben gegenüber waren wie Licht und Finsterniß, die reine Tugend und das gräuliche Laster. In Rom mehr als an irgend einem andern Orte der Welt erschien Petrus nicht anders als wie das Lamm unter den Wölfen. Ging ja das, was der Heiland seinen Jüngern bezüglich ihrer Sendung sagte, insbesondere an Petrus in Erfüllung, da er in das wirre Gewühl der Weltstadt eintrat. Gehet hin! Siehe, ich schicke euch wie Lämmer unter die Wölfe (Luk. 10, 3).

So hart und abschreckend aber auch Alles dieß erscheint, und obgleich es sicherlich in der Wirklichkeit tagtäglich noch härter und abschreckender an Petrus herantrat, als wir es jetzt sagen und fühlen können; vermochte doch nichts ihn zurückzuhalten oder abzuschrecken, dem Berufe unerschütterlich treu nachzukommen, welcher ihm von seinem Herrn und Meister geworden war. Er wußte in der felsenfesten Sicherheit seines unerschütterlichen Glaubens, daß nicht er es sei, der da wirke, sondern die Macht Gottes durch das erwählte Werkzeug. Er wiederholte sich oft das Wort seines Herrn: Ohne mich könnet ihr nichts — und das andere: Vertrauet, ich bin es, der die Welt besiegt hat. So arbeitete er mit dem gewissenhaften Eifer eines getreuen

Dieners in dem Weinberge des Herrn, der ihm in dem neuen Babylon, zu Rom, angewiesen war. Und wie er seine apostolischen Reisen außerhalb Rom noch ausgedehnt hat, ersehen wir aus mannigfachen Nachrichten, sowie aus seinen Briefen, die er aus Rom unter dem Namen Babylon an die Gläubigen in andern Ländern geschrieben hat. Wie ausgezeichnet mußte aber die Christengemeinde sein, welche Petrus in Rom gestiftet, wie strahlend deren Beispiel, daß der heil. Paulus in seinem Briefe an die Römer schreiben konnte (Röm. 1, 8), daß ihr Glaube in der ganzen Welt verkündet werde! So vollendete Petrus, wie die wohl verbürgte Ueberlieferung uns sagt, nach fünf und zwanzig Jahren, in hohem Greisenalter, sein oberhirtliches Amt zu Rom, um mit Paulus, welcher ihm in dem apostolischen Berufe der treue Mitarbeiter war, an einem Tage den Tod des Blutzeugen für Christus zu sterben. Paulus, der römische Bürger, wurde durchs Schwert gerichtet an der Straße, die von Rom zum Meere geht, wo heute noch die Kirche zu den drei Quellen das Wunder bei seiner Enthauptung bezeugt. Petrus aber, der Jude, wurde an das Kreuz geschlagen. Sonach hatte er das Wort des Heilandes vollkommen erfüllt, der am See Genesareth zu ihm gesprochen hatte: Folge mir! — Du folge mir! (Joh. 21, 19. 22.)

Die heilige Legende erzählt uns aber aus den letzten Tagen des heil. Petrus noch ein bedeutsames Ereigniß, dessen Erinnerung zu Rom durch ein uraltes Kirchlein an der Appischen Straße für alle Zeiten aufbewahrt ist. Nero wüthete mit ausgesuchter Grausamkeit gegen die Christen, welche er sogar zu lebendigen Fackeln für die nächtlichen Spiele in seinem Circus benützte, da wo jetzt über dem Grabe des Apostelfürsten der St. Petersdom sich erhebt. Da gab der greise Petrus — so erzählt die Ueberlieferung — dem liebevollen Drängen der bestürzten Christengemeinde nach und war schon auf der Flucht vor dem Thore Roms. Aber der Herr erscheint ihm mit dem Kreuze beladen, und auf die Frage des Apostels: **Herr, wo gehst du hin?** — Domine, quo vadis? erwiederte der göttliche Kreuzträger: **Nach Rom, um noch einmal gekreuzigt zu werden.** Romam, iterum crucifigi. Und von dem Worte des Herrn bekehrt, wie damals im Hofe des Hohenpriesters von dem Blicke des Meisters, wendet Petrus den Schritt zurück nach Rom, um bald in den furchtbaren Kerker am Capitole geworfen zu werden, um bald mit Ketten umgürtet geführt zu werden, wohin er nicht wollte, um bald die Hände auszustrecken an dem Pfahle des Kreuzes, von welchem er noch betend auf Rom herabsah und auf den ganzen Erdkreis, welcher durch seinen Hirtenstuhl in dieser Stadt einen neuen, höhern Mittelpunkt gewinnen sollte bis an das Ende der Zeiten.

Uns aber belehrt diese bedeutsame Ueberlieferung aber= mals: daß die Gründung und Führung der Kirche nicht Menschenwerk, sondern Gotteswerk ist, und daß im schwachen, geschöpflichen Werkzeuge fort und fort die Kraft Gottes in der Kirche siegreich wirkt und waltet.

In dem Berufe Petri, Geliebte im Herrn, ist aber **der Beruf seiner Nachfolger** für alle Zeiten bis zum Ende der Tage schon **mitertheilt,** sowie in dem Leben und Wirken des Apostelfürsten die **Aufgabe und die Geschichte** aller derer **vorangebildet** erscheint, welche nach Petrus in ununterbrochener Reihe bis auf diesen Tag den ersten Bischofsstuhl der Kirche, jenen zu Rom, inne gehabt haben und noch inne haben werden. Wer an jener von Gott selbst gewollten und von Christus eingesetzten Fort= bauer des Primates Petri zweifeln wollte, müßte an der göttlichen Einsetzung der Kirche überhaupt und an der gött= lichen Person Jesu Christi, an seiner Weisheit und Allmacht zweifeln; er müßte das Werk der Erlösung als Werk Gottes zur Rettung des ganzen sündigen Menschengeschlechtes aufgeben. So wie der Beruf, die Bestimmung, das Amt Petri von Jesus Christus mit so klaren und entschiedenen Worten ausgesprochen ist, als irgend eine andere Lehre, irgend eine andere Anordnung; so wie wir mit Recht behaupten können, daß die irdische Grundsteinlegung der Kirche in Petrus, daß dessen Einsetzung zum obersten Hirten der Heerde der Erlösten, zum Statthalter Christi jedem Unbefangenen so ausdrücklich und zweifellos in den Worten und Handlungen des göttlichen Heilandes als Grundwahrheit des Glaubens sich darstellt, daß nur die offenbarste Mißdeutung und die beklagenswertheste Verblendung dagegen sich erklären und sie verwerfen kann; so fordert es die einfache vernünftige Auffassung des Christenthums als Weltreligion, als Religion für alle Zeiten, alle Geschlechter — was das Christenthum unbestrittener Maßen doch ist —, daß das sichtbare Oberhaupt der Christen auf Erden nicht mit Petrus sterben konnte, um die Kirche Jahrhunderte und Jahrtausende lang ohne Haupt, ohne höchste Einheit, ohne sichern Mittelpunkt zu lassen.

Daß aber dieses Haupt in der That stets vorhanden, daß der Felsen Petri nicht verrückt, noch beseitigt worden, daß sein höchstes Hirtenamt in der Kirche stets bestanden habe, das beweist uns mit einer Wolke von Zeugnissen die unverfälschte Geschichte aus allen Jahrhunderten. Ja die Kirchenväter, sowie die Irrlehrer und Schismatiker, ein Augustinus so gut wie ein Arius, ein Bernhardus so gut wie ein Photius, die Könige, welche dem Stuhle Petri fromm gehuldigt, und die Gewalthaber, welche es wagten, ihm den schuldigen Gehorsam in geistigen Dingen aufzukündigen, alle große Erscheinungen der Geschichte des Menschengeschlechtes seit balb zwei Jahrtausenden, die Bekehrung der abendländischen Völker so gut wie die Begeisterung der Kreuzzüge, die christliche Wissenschaft wie die christliche Kunst, tausend Denkmäler und Urkunden in Stein und Schrift, die Wände der Catakomben so gut als der Peterspfennig unserer Tage, als das Zusammenströmen der katholischen Welt am St. Petersfeste dieses Jahres rufen es dem beklagenswerthen Zweifler und dem armseligen Spötter zu, daß, was das Evangelium spricht, was die Ueberlieferung von Gründung der Kirche Jesu stets gelehrt hat, und was in der Natur der Kirche, als einer sichtbaren, einheitlichen, von Christus zur Bewahrung der Gnade und Wahrheit gegründeten Gesellschaft, liegt, stets vorhanden war, — der **Primat Petri**, und daß bis auf den heutigen Tag die Worte der göttlichen Verheißung in Erfüllung gegangen sind: **D u bist Petrus, und auf diesen Felsen will ich meine Kirche bauen, und die Pforten der Hölle werden sie nicht überwältigen.**

Zu gleicher Zeit wiederholen sich auch in geheimnißvoller Weise die Geschicke des Simon Petrus an allen Päpsten. In seinen Geschicken ist die Geschichte aller Nachfolger, die ganze Kirchengeschichte vorgebildet. Wie oft und namentlich schon in den ersten Jahrhunderten, wo aus dem Judenthum und aus dem Heidenthum Manche sich in die Kirche aufnehmen ließen, ohne ihrem einfachen, göttlichen Glauben mit unbefangenem Verstande und Herzen sich hinzugeben, ist aber und abermals die Frage aufgeworfen worden: Für wen sollen wir den Menschensohn halten? Darauf wurden nicht nur die verkehrtesten Antworten gegeben, sondern auch hartnäckig die verderblichsten Irrlehren darüber vorgebracht. Selbst solche, die auf den Leuchter der Kirche gestellt waren, wurden ihrem Berufe untreu, und statt des Lichtes verbreiteten sie Finsterniß. Nur Petrus war stets in seinen Nachfolgern auf dem Stuhle zu Rom ganz und völlig unbeirrt in der wahren Lehre, und gegen die falsche Lehre über die Person des Erlösers ist er unerschütterlich hervorgetreten mit dem uranfänglichen Bekenntnisse: Jesus ist Christus, der Sohn des lebendigen Gottes. Fürwahr, die Kirche wäre in hundert Sekten zerrissen und von den Wogen des Irrglaubens und Unglaubens verschlungen worden, das Christenthum wäre längst von der Erde verschwunden, wenn es nicht durch Gottes Hand auf den Felsen Petri erbaut und so in Gottes Fürsehung und Gnade geschützt worden wäre. Es würde schon in den ersten Jahrhunderten der Kirche Christi, wenn es ein Unternehmen oder Werk von Menschen und nach den Grundsätzen menschlicher Afterweisheit eingerichtet gewesen, zu nichte geworden sein; wie der weise Gesetzeslehrer Gamaliel schon den Juden in Jerusalem sagte, als sie Petrus und den andern Aposteln verbieten wollten, Jesum zu verkündigen (Apostelg. 5, 34). So aber hat die Kirche, erbaut auf dem Glaubensfelsen Petri, das ganze in ihr hinterlegte Erbe der Wahrheit und Gnade, welches da zusammengefaßt erscheint in dem Glauben an den Mensch gewordenen Sohn Gottes, treu bewahrt und von Geschlecht auf Geschlecht bis zum heutigen Tage gerettet, wie sie dieses ihr Erbe retten und bewahren wird bis zum Ende der Welt. Ohne die Einheit im Primat, entrückt dem Felsen Petri hätte die Kirche das nimmermehr vermocht. Schauet nur hin auf alle die, welche den Felsen Petri verlassen und sich in der Wildniß des Irrthums, in der Wüste des Halbglaubens und Unglaubens angesiedelt haben. Sie verlieren, von der kirchlichen Einheit getrennt, von Tag zu Tag mehr die wahre Lehre, deren Bruchstücke sie sich theilweise noch bewahrt hatten. Sie trennen und zerstückeln sich unaufhörlich in ihren Sondermeinungen, in ihren willkührlichen Ansichten, bis sie dahin kommen werden, so viele Kirchen zu zählen als ihrer Köpfe sind. Die Verblendeten, die da glauben, auf die eigene Kraft gestützt den Kampf mit den Pforten der Hölle, den Krieg mit der Lüge und deren Vater führen und ihn bestehen zu können! Nein! nur auf den Felsen Petrus ist die wahre Kirche erbaut, und nur in ihr ist die ganze Wahrheit unantastbar geborgen. Nur sie hat die Verheißung der Unüberwindlichkeit.

Ebenso werden wir, Geliebte im Herrn, wenn wir das Leben Petri, soweit es uns Schrift und Ueberlieferung aufbewahrt hat, durchgehen, immer wieder das wunderbare Vorbild finden, von welchem das Wirken seiner Nachfolger ein geheimnißvolles Abbild ist. Wem, nächst der Führung des heiligen Geistes, verdanken wir in der Kirche die Erhaltung unseres herrlichen Gottesdienstes, die Reinheit und Schönheit unserer erhabenen Opferfeier, die Bewahrung der ursprünglichen Ordnung bei Verwaltung des allerheiligsten Sakramentes? Wem anders als den Nachfolgern dessen, welcher einst dem Herrn, als er zum ersten Male von diesem Geheimnisse seines Fleisches und Blutes lehrte, voll innigen Glaubens erwiederte: **Herr! du hast Worte des ewigen Lebens** (Joh. 6, 69). — Wer sind sie gewesen, die als Menschenfischer allzeit den reichsten Fischzug vollbracht? — Wer ist es, der noch heute an der Spitze der Sendung steht, die fortwährend an die Heiden ergeht? Wer anders als die Nachfolger des Petrus, der zu

Cäsarea die ersten Heiden in die Gemeinschaft der Kirche aufgenommen? Wer heilt so viele Lahmgeborene im Geiste, wer erweckt so Viele, die im Todesschatten des Unglaubens schlummern? Wessen Schatten ist so heilkräftig, daß Sieche durch ihn genesen? Wer anders sind es als die Nachfolger dessen, der das Wunder an der schönen Pforte des Tempels gewirkt, der zu Joppe die Tabitha erweckt? Und ist die ewige Stadt mit ihren Heiligthümern, mit ihren Wunderwerken, mit ihren Erinnerungen an Jahrtausende mehr als der S ch a t t e n, den gleichsam die Herrlichkeit des Amtes des Apostelfürsten wirft? Und wie Viele sind bis auf diese Stunde durch diesen Schatten und Abglanz des Primates vom Irrthum genesen und zur Wahrheit zurückgeführt worden! Denn die Wege des Herrn in seiner milden Barmherzigkeit sind viele. — Wer ist es, der in den achtzehn Jahrhunderten der Kirche am muthigsten und unerschütterlichsten die apostolischen Worte wiederholte: M a n m u ß G o t t m e h r g e h o r c h e n a l s d e n M e n s c h e n? Wer anders als die Päpste? Wo steht der Richterstuhl, der sich gleicher Weisheit, gleicher Unbestechlichkeit, gleicher Gerechtigkeit rühmen könnte, als der Stuhl Petri, auf welchem die Nachfolger dessen sitzen, der einst zu Ananias sprach: D u h a s t n i c h t M e n s c h e n b e l o g e n s o n d e r n G o t t, und zu Saphira: W a r u m s e i d i h r ü b e r e i n g e k o m m e n, z u v e r s u c h e n d e n G e i s t d e s H e r r n? Wer hat je so muthig und stark in schweren Kämpfen die von Gott verordneten Aemter und heiligen Güter der Kirche gegen die menschliche Habsucht vertheidigt und geschützt, als die Nachfolger dessen, der zu Simon dem Magier, da dieser den heiligen Geist um Geld kaufen wollte, einst gesprochen (Apostelg. 8, 20): D e i n G e l d s a m m t d i r g e h e i n's V e r d e r b e n, w e i l d u g e m e i n t, d i e G a b e G o t t e s w e r d e d u r c h G e l d e r w o r b e n? War es nicht der Statthalter Christi auf Erden, welcher Jahrhunderte hindurch gegen Fürsten, gegen Bischöfe und Priester das Heiligthum der Gnade schützte, damit sie nicht unter irdische Güter herabgewürdigt werde? — Wer anders ist es, der auf der Warte der Kirche stehend sorgsam umherschaut und getreu darüber wacht, daß die Lücken in den Reihen der apostolischen Streiter ausgefüllt, und stets das Kriegsheer Christi wohlausgerüstet und angeführt sei, als der Nachfolger des Apostelfürsten, welcher schon in Jerusalem die Zahl der Apostel in der Wahl des Matthias zu ergänzen besorgt war?

Oder sollen wir noch andere Züge vergleichen, welche in

dem Vorbilde Petri glänzten und in seinen Nachbildern wiedergefunden werden? Wer ward je schmachvoller verfolgt und glorreicher aus Feindeshand befreit, als die Nachfolger jenes Apostels, welcher aus dem Kerker zu Jerusalem durch den Engel befreit worden? Und an wen erging öfter der Beruf des geistigen oder leiblichen Martyriums, als an die Bischöfe Roms, welche in den Jahrhunderten der Verfolgung sammt und sonders für ihren Glauben das Leben ließen, die Nachfolger Petri, dem der auferstandene Heiland das bedeutsame Wort zurief: Folge mir nach! Ja, wenn der Herr in der Weltgeschichte — wie jetzt wieder in unseren Tagen — zu nahen scheint, und wenn der erschreckte Ruf der Furchtsamen ertönt: Es ist ein Gespenst: — wer ist es, der dem Herrn voll Glaubens über die Wogen des Meeres entgegen geht? Wer anders als „der allzeit feurige und den Uebrigen Voreilende", wie der heil. Chrysostomus den Apostelfürsten nennt? Wer anders ist es, als jetzt wieder Pius IX., unser vielgeprüfter und doch wahrhaft glorreich regierender Vater, der da dem nahenden Heilande voll Liebe und voll Vertrauen entgegenruft: Herr! so bu es bist, befiehl mir, zu dir zu kommen über das Meer?
 Wenn dann die Winde zu gewaltig brausen, und die schäumenden Wogen höher gehen, mag wohl Petrus für einen Augenblick verzagen und sinkend rufen: Herr, rette mich! Aber alsbald faßt ihn die Hand Jesu, der zu ihm spricht: Kleingläubiger, warum hast du gezweifelt? und der Sturm legt sich, — und sofort ist das Schiff am bergenden Strande. Ja, der Nachfolger des Petrus, der einst von Schmerz und Entsetzen, vor Liebe und Furcht verwirrt gesprochen hat: Ich kenne diesen Menschen nicht, er mag in menschlicher Schwäche es beweisen, daß es nicht menschliche Kraft ist, welche die Kirche gegründet hat und die Kirche erhält. Aber er wird ebenso beweisen, daß der Herr auch für ihn gebetet, da er für Petrus betete, und er wird es immer wieder sein, der in der Stunde der Gefahr seine Brüder stärkt. Was auch in der großen Reihe der Päpste, — unter denen Viele als Blutzeugen, Viele sonst im Glanze der Heiligkeit strahlen, Viele zu den hervorragendsten Männern aller Zeiten gerechnet und als die größten Wohlthäter des menschlichen Geschlechtes verehrt werden, — an Einzelnen von Schwäche, Gebrechen, Fehlern und persönlicher Schuld uns entgegentritt: der Vorwurf bleibt am Menschen haften, das Wesen seines Amtes wird nimmermehr dadurch angetastet; in Bewahrung des Glaubens und in

Stärkung der Brüder hat sich das Gebet des Heilandes an allen Päpsten bewährt. Denn der Fels Petri, der Mittelpunkt und Hort des wahren Glaubens — seiner lebenskräftigen Einheit, ist in die stürmischen Wogen der Jahrhunderte gestellt nicht durch Menschenhand. Es ist die Hand des Menschensohnes, welche ihn gesetzt hat, welche ihn hält. Die Wogen mögen den Felsen umschäumen, die Stürme mögen ihn erschüttern bis in seine Tiefen. Aber er wankt und weicht nicht mehr; er ist nicht zu überwältigen — non prævalebunt — selbst nicht von den Pforten der Hölle, geschweige denn von der menschlichen Ohnmacht.

So steht für uns selbst in diesen Tagen banger Erwartung und vielfältiger Noth die tröstliche Wahrheit fest: die Kirche, die als Gotteswerk und nicht als Menschenwerk auf den Felsen Petri gegründet ist, steht unerschütterlich fest. Die Kirche und ihr oberster Hirt mit den Lämmern und Schafen werden nicht zu Schanden werden. Dafür bürgt die göttliche Verheißung, das lehrt die trostreiche Erfahrung so vieler Jahrhunderte. Und daß die Kirche, und ihr oberster Hirt für die Lämmer und Schafe, unwandelbar jene himmlische Weide in Wahrheit und Gnade stets schütze, und die Gläubigen darin zum ewigen Leben nähre und vollende; dies muß Jedem einleuchten, welcher mit offenem Auge und unbefangenem Urtheile die Kirche in ihrer treuen Bewahrung und Spendung der Gnade und Wahrheit, welche der göttliche Heiland ihr anvertraut hat, anschauen und anhören will. Hat nicht noch in den jüngsten Tagen der jüngste Nachfolger Petri einen so vielfach verkannten und doch in sich so großartigen und tief in die Zeit eingreifenden Beweis geliefert davon, daß der Stuhl Petri noch weiß, was sein Beruf ist, daß der Nachfolger Petri es nicht vergessen hat seine Brüder im Glauben zu stärken und die Welt, die am Glauben Schiffbruch gelitten hat, wieder zum Glauben zurückzurufen, im Glauben zu befestigen.

Nach so vielfachen Ermahnungen zum Glauben und zum Leben in Jesu Christo und in seiner Kirche hat Pius IX., als der zweihundert sieben und fünfzigste Statthalter Christi in der Nachfolge des Apostelfürsten Petrus, durch das erhabene und lehrreiche Rundschreiben vom 8. Dezember 1864 die großen christlichen Wahrheiten, auf welchen das ewige Heil und das zeitliche Wohl der Menschen beruhet, und aus denen die christliche Weltordnung sich gebildet hat, mit apostolischem Freimuth und väterlicher Liebe im Angesichte der ganzen christlichen Erde feierlich wiederholt und in alle empfängliche Herzen tief einzuprägen gesucht. Und wer könnte auch auf andern Grundlagen eine des vernünftigen Menschen würdige, für Staat und Familie, für Zeit und Ewigkeit ersprießliche Lebensordnung ersinnen und aufbauen? Möge nicht an unserm Geschlechte in Erfüllung gehen, was der Psalmist spricht (Ps. 48, 13): **Der Mensch, der in Ehren ist, sieht es nicht ein; er macht sich dem unvernünftigen Thiere gleich und theilt ein ähnliches Loos.** Statt der Kindschaft in Jesu Christo sich würdig zu erweisen, wird der Mensch, der Christ, als Gottes- und Christusleugner zum Thiere herabgewürdigt. Und dessen scheinen sich nicht Wenige zu freuen und zu rühmen, um auch thierisch denken und leben zu können. O, der Schmach für unsere der Aufklärung, der Wissenschaft und der Freiheit sich brüstenden Tagesmenschen! Gott sei Dank und Preis, daß der Unglaube und Irrglaube, wenn sie auch öffentlich und ungescheut gepredigt werden, an der katholischen Kirche und ihrer unfehlbaren Lehrweisheit eine Schranke finden, an der sich ihre schlammigen, schäumenden Wogen brechen müssen. So sehr auch die Kirche in ihrem Oberhaupte verfolgt und geschmähet wird im Namen Christi, wir haben uns nicht zu scheuen; denn, wie der Apostelfürst schreibt (1. Petr. 4, 14): **Die Ehre und Herrlichkeit und Kraft Gottes und sein Geist ruhet auf uns.** Wenn auch in unsern Tagen der Satan wieder besondere Gewalt erhalten zu haben scheint, um die Jünger Jesu zu versuchen und zu sieben, und nicht Wenige durch Unglauben und Irrglauben in's Verderben gestürzt werden; so glauben und wissen wir zugleich, daß das Gebet unseres göttlichen Heilandes wie damals für die Apostel, so auch für uns fort und fort wirksam sei, die wir in der Kirche auf die Apostel als das Fundament aufgebaut sind zum lebendigen Hause Gottes.

Fühlen wir uns aber, Geliebte im Herrn, insbesondere an dem Feste, welches die Kirche in diesen Tagen in Rom begeht, so recht als Kinder dieses Hauses, als Kinder der einen, heiligen, katholischen und apostolischen Kirche, welche keine Schranken der Grenzen eines Reiches, welche nicht Meer und Berge abschließen, die vielmehr den ganzen Erdkreis umfaßt und hinüberreicht in das unsichtbare Gebiet des Jenseits! Erkennen wir mit innigem Danke, was es heißt, sich ein Kind der katholischen Kirche nennen zu dürfen! Vereinigen wir uns in diesen Tagen durch das geistige Band des Gebetes mit dem so schwer bedrängten und doch so zutrauensvollen heiligen Vater, der wahrhaft den Glauben des heiligen Petrus besitzt! Vereinigen wir uns im Gebete mit den vielen Tausenden von Pilgern, mit den Bischöfen, Priestern und Gläubigen, die hinaufziehen in den Riesendom von St. Peter, und am Apostelgrabe, dem Ziele ihrer Wallfahrt, niedersinken zum heißen Dank- und Bittgebete! Vereinigen wir uns namentlich im Gebete zum allerheiligsten Herzen Jesu, und in der Andacht zur glorreichen Himmelskönigin, der ohne Erbsünde empfangenen, gnadenreichen Jungfrau und Mutter Gottes, der Hilfe der Christen! — Wenn Gott für uns ist, wer kann wider uns sein? Der Mensch gewordene Gott aber ist es selbst gewesen, der die Verheißung zu Petrus sprach: Du bist Petrus, und auf diesen Felsen will ich meine Kirche bauen und die Pforten der Hölle werden sie nicht überwältigen.

O, daß wir in dieser Gemeinschaft der Kirche stets treu erhalten, daß wir in diesem Gebetsvereine als Glieder der Heiligen mehr und mehr gestärkt werden! Dann können wir getrost Allem entgegensehen, was Gott zur Bestrafung, zur Besserung über die Menschheit mag kommen lassen. Dann können wir in frommer Hoffnung dem Tag entgegen harren, an dem uns der Herr, unser Heiland, aus der streitenden in die triumphirende Kirche in seiner Gnade aufnehmen wird. So lange wir aber auf dem irdischen Pilgerwege wandeln, lasset uns — das thut Noth, doppelt Noth in solchen Tagen — lasset uns würdig der Worte wandeln, welche uns der heil. Apostelfürst Petrus in seinem ersten Briefe zuruft: **Ihr seid ein auserwähltes Geschlecht, eine königliche Priesterschaft, ein heiliger Stamm, ein Volk der Erwerbung; damit ihr die Tugenden dessen verkündiget, welcher aus der Finsterniß euch gerufen in sein wunderbares Licht; euch, die ihr einst Nicht-Volk, jetzt aber Gottes Volk, die einst Nicht-Begnadigten, jetzt aber Begnadigte. Amen.**

Gegeben zu S p e y e r am Feste des heiligen Bonifacius (5. Juni) 1867.

† **Nikolaus, Bischof.**

Jesus Christus
unsere
Heilswahrheit.

Hirtenbrief

des

Hochwürdigsten Herrn Bischofs von Speyer

zur

heiligen Fastenzeit
1869.

Speyer.

Daniel Kranzbühler'sche Buchdruckerei.

1869.

BIBLIOTHECA S. J.
Maison Saint-Augustin
ENGHIEN

S

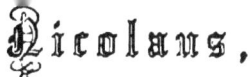

Nicolaus,

durch Gottes Barmherzigkeit und des Apostolischen Stuhles Gnade Bischof von Speyer, allen Geistlichen und Gläubigen der Diöcese Gruß und Segen in unserm Herrn Jesus Christus.

Im verflossenen Jahre habe ich euch, Geliebte im Herrn, das hochwichtige und gnadenreiche Wort unsers göttlichen Heilandes: Ich bin der Weg, zur Belehrung und Befolgung in einer Betrachtung für die heil. Fastenzeit auseinander gesetzt. Möget ihr dieses göttliche Wort tief zu Herzen genommen haben, um euer ganzes Leben auf Erden hindurch bis zum Eintritte in die Ewigkeit dem Heilande, der unser Weg ist, treu zu folgen.

Aber der Herr antwortet an jener Stelle des Evangeliums auf die Frage des Apostels Thomas: Herr, wir wissen nicht, wohin du gehst; und wie können wir den Weg wissen? — nicht blos: ich bin der Weg, sondern er spricht weiter: und die Wahrheit und setzt bedeutsam hinzu: und das Leben. Worte des tiefsten, reichsten Inhalts! **Christus die Wahrheit!** das sei der Gegenstand unserer diesjährigen Fastenbetrachtung.

Die Menschen suchen nach Wahrheit, wie sie vorgeben, und rühmen sich oft des Besitzes der Wahrheit, und was sie in ihrem eigenen Dünkel erfassen, ist oft Widerspruch, Täuschung, Irrthum und Lüge. Es darf uns aber nicht Wunder nehmen, Geliebte im Herrn, wenn die Menschen außerhalb der göttlichen Offenbarung in der Täuschung einer selbst erfundenen Weisheit zuletzt an der Wahrheit selbst ver=

zweifeln und mit jenem römischen Statthalter Pontius Pilatus ausrufen: **Was ist Wahrheit!** Handelte es sich hiebei blos um zeitliche und irdische Dinge, so könnten wir uns noch in etwas beruhigen. Es handelt sich aber um das, was über den Grenzen des Sichtbaren und Zeitlichen hinaus im Bereiche des Ueberirdischen und Ewigen liegt, wohin kein Auge, kein Verstand eines Erdgeborenen jemals gedrungen ist. Woher wir kommen, wohin wir gehen, wer beantwortet uns mit Sicherheit diese Frage? Was jenseits des Grabes unser wartet, wie des Menschen Thun und Lassen, das Gute und das Böse nach dem Tode belohnt oder bestraft werde: wer von den Weisen der Welt kann es untrüglich verkünbigen, so daß wir seinem Worte zweifellos glauben dürften? Wer hebt den dichten Schleier, in welchen auf Erden das Loos der Ewigkeit für den Gerechten und Gottlosen gehüllt ist? Wer löst all die peinigenden Zweifel und Räthsel, welche den Verstand und das Herz der Sterblichen quälen? Wo ist jenes Licht, das durch keine Finsterniß des Unglaubens und Irrglaubens getrübt werden kann? Wer sagt uns in Allem, was wir so sehnlich wünschen, was uns allein den Frieden, das Glück und Heil unserer unsterblichen Seele gibt, **wer sagt uns die Wahrheit?**

Wir Christen haben darauf eine klare, bestimmte, untrüglich verbürgte Antwort. Wir haben sie in der Person, in dem Worte, in dem Leben, Leiden und in der Auferstehung dessen, welcher beim letzten Abendmahle zu seinen Jüngern gesprochen hat: **Ich bin die Wahrheit.**

I.

Wir können wohl nichts wichtigeres für die Zeit und für die Ewigkeit thun, als diesem Ausspruche und Selbstzeugnisse Jesu Christi die innigste und allseitigste Betrachtung zuwenden. Unser göttlicher Heiland ist unser Weg, unser Führer zum Heile und zum Leben, weil und in wieferne er die Wahrheit ist. Wir sollen, damit wir uns vertrauensvoll seiner Führung durch die schmalen und dornigen Pfade des Erdenlebens überlassen können, ohne irgend ein Bedenken des Verstandes und ohne irgend ein Zögern des Herzens seinem Lichte folgen, das uns durch die Zeit mit himmlischer Klarheit hinüberleuchtet in die Ewigkeit.

1. Jesus Christus ist für uns in **Person** die allein untrügliche, allseligmachende Wahrheit. Unser göttlicher Heiland hat, um bei dem Weggehen aus dieser Welt und bei der Rückkehr zum Vater seine Jünger und nach ihnen Alle, welche durch ihr Wort an ihn glauben würden, mit unerschütterlichem Vertrauen zu erfüllen und an sich zu fesseln, von sich bezeugt: Ich bin die Wahrheit. Es hat Fromme und Gerechte im alten Bunde gegeben, welche von dem, was Wahrheit ist, wenn wir so sagen sollen, leuchtende Funken in sich aufgefangen und sich davon durchscheinen ließen. Es haben heilige Männer Gottes, vom heil. Geiste erleuchtet und getrieben, Wahrheit, göttliche Wahrheit geredet, so viel und so weit Gott von dieser in ihre Herzen einstrahlen lassen wollte. Anders bei unserm Heilande Jesus Christus. Er ist die volle, ungetrübte Sonne der Wahrheit. Deßhalb kann auch nur er allein von sich sagen: Ich bin die Wahrheit. Denn er ist dieses in seiner ganzen Person, wie er uns aus der untrüglichen Offenbarung entgegentritt.

Die Wahrheit, die Eine und ewige Wahrheit ist nämlich nur Gott, der alleinige und unerschaffene. Indem nun Jesus Christus ist der Sohn des lebendigen, das Gleichbild des unsichtbaren Gottes (Kol. 1, 15), der Abglanz der Wesenheit Gottes (Hebr. 1, 2), der in die Menschheit eingetreten ist durch Annahme unsers Fleisches in dem Schooße der allerseligsten Jungfrau; so ist er auch die Wahrheit, die leibhaftig unter uns auf Erden erschienen.

Et Verbum caro factum est et habitavit in nobis, et vidimus gloriam ejus — plenum gratiae et veritatis.

Das Wort ist Fleisch geworden und hat unter uns gewohnet, und wir haben seine Herrlichkeit gesehen — voll der Gnade und Wahrheit (Joh. 1, 14). Und wiederum: durch Moses ist blos das Gesetz gegeben worden; durch Jesus Christus ist die Gnade und Wahrheit geworden. Die Wahrheit nämlich ist in leibhaftiger Gestalt in und auf dieser Erde eingeboren worden und hat unter uns gewohnt. In ihm, dem Sohne, hat die Wahrheit sich herabgelassen zur Erde; in ihm, dem Gleichbilde des Vaters, hat der Vater sich uns gezeigt, Gott hat sich uns wahrnehmbar im Fleische dargestellt. Als daher der Apostel Philippus bat (Joh. 14, 8 ff.): Zeige uns den Vater, und es genügt uns, erwiederte ihm der Herr: So lange bin ich bei euch, und ihr habt mich nicht erkannt, Philippus. Wer mich gesehen, hat den Vater gesehen. So hat Gott jenen unserer Seele angeborenen Durst nach der Wahrheit in überreicher und beseligender Weise gestillt. „Weil, sagt der hl. Athanasius, die Menschen von der Anschauung Gottes sich abgekehrt, und wie in einen Abgrund hinabgesunken, ihre Augen abwärts gewendet in dem Geschöpflichen und Sichtbaren Gott aufsuchten, indem sie sterbliche Menschen und böse Geister sich zu Göttern ausbilden: deßhalb nahm der menschenfreundliche und gemeinsame Heiland, das Wort Gottes sich selbst einen Leib und wandelte als Mensch unter den Menschen und nahm die Sinne aller Menschen an, damit die, welche sich vorstellten, daß in dem Körperlichen sich Gott befinde, von den Werken, welche Christus leiblich verrichtete, die Wahrheit erkenneten und so dadurch mit ihren Gedanken zu Gott gelangten." In diesem Sinne erfassen wir das gnadenreiche Wort des Heilandes, wenn er sagt: Ich bin die Wahrheit.

Ist aber Christus Jesus, im Fleische erschienen, die ewige, die Welt erleuchtende und erlösende Wahrheit, woran wohl sollen wir ihn erkennen? Es kommt ohne Zweifel Alles darauf an, daß wir unsers Glaubens auch klar und sicher sind, damit wir uns keiner Täuschung hingeben. Woran aber erkennen wir mit Sicherheit, daß Jesus Christus die leibhafte Wahrheit Gottes ist? Was uns von ihm sinnfällig geworden, ist seine Menschheit. Wie nun erkennen wir, daß er im Fleische erschienener Gott ist? Um diese Frage zu beantworten und die Gottesläugner unserer Tage zu widerlegen, welche die Herrlichkeit Gottes des Vaters Jesu Christo rauben wollen, müssen wir uns von der ewigen Wahrheit unwiderleglich belehren lassen.

2. Jesus Christus, der von sich gesprochen hat: Ich bin die Wahrheit, hat **sich auch erwiesen als die Wahrheit.** Ich will nicht des Weitern auseinander setzen, wie die Gottheit unsers Herrn und Heilandes an's Licht getreten ist durch die Engel Gottes, welche nach Befehl Gottes bei dem Eintritt in die Welt ihn angebetet haben, wie der heil. Paulus an die Hebräer (1, 6) schreibt, die Engel, welche über seinem Krippenlager den Lobgesang angestimmt haben; die Engel, welche in der Wüste nach der Versuchung ihm gedient haben; die Engel, welche zu seinem Todeslager in dem Grabe herabgekommen und die Herolde seiner Auferstehung geworden sind; die Engel, welche nach dem Ausspruche des Heilandes (Joh. 1, 51) über den Menschensohn auf und niederstiegen und ihm huldigten wie im Himmel so auch auf Erden.

Was aber lauter als Alles bezeugt, daß er Gott und die im Fleische sichtbar gewordene Wahrheit ist, das sind die Werke seiner Allmacht, **seine Wunder.** Daß das Element des Wassers in Wein sich verwandelt; daß Wind und Meer seinem Befehle gehorchen; daß Krankheit und der Tod selbst seinen Machtgeboten weichen; diese und viele andere Machtthaten sind das offene, das untrügliche Siegel, welches er selbst den Feinden seiner Zeit entgegengehalten hatte, da er sie auf die Werke seines Vaters, die er selbst thut, verweist (Joh. 10, 37). Dieses untrügliche Siegel mußten auch die Juden bei allem Hasse anerkennen, wie bei der Auferweckung des Lazarus sie sich aussprachen (Joh. 11, 48). Es ist das Gottes eigenste Siegel, womit der Vater seinen Sohn beglaubigt hat, und welchem auch die Christusfeinde heutigen Tages nichts Anderes als ein trotziges und thörichtes Läugnen entgegenzusetzen im Stande sind. Und hat nicht der heil. Evangelist Johannes im Hinblicke auf diesen Wunderglanz, worin Jesus als gleichallmächtiger Schöpfer mit Gott dem Vater sich kund gethan, geschrieben (1, 14): Wir haben geschaut seine Herrlichkeit, als des Eingebornen vom Vater voll Gnade und Wahrheit? Und ruft nicht eben dieser Jünger der Liebe (1. Joh. 5, 20) allen Christgläubigen mit lauter Stimme zu: Dieser Jesus Christus ist wahrer Gott und ewiges Leben?

Jesus Christus ist als Gott so seiner Natur nach das Licht ohne Schatten, die Sonne ohne Flecken, der Spiegel der Gottheit, worin wir den Vater, welcher den Sohn erzeugt und in die Welt gesendet hat, erschauen, ist die ewige, vollkommene, aus Maria der Jungfrau sichtbar im Fleische erschienene Wahrheit.

3. Jesus Christus ist auch die Wahrheit **in seinem Lehrworte.** Was er geredet und wie er jedwedes geredet, so ist es wahr, und die lautere Wahrheit, welche von Gott entflossen. Hier ist nichts von Menschlichem, nichts von Irdischem, geschweige denn von einem Zusatze menschlicher Beschränktheit und Schwäche, welche dem Denken und Reden der Weisesten anhängen. Wer von der Erde ist, so sagt Johannes der Täufer (Joh. 3, 29), der ist von der Erde und redet aus der Erde; derjenige aber, welcher von Oben herab, aus dem Himmel kommt, der ist über Allen, und was er gesehen hat (bei Gott) und gehört, das verkündigt er. So wie Gott der

allmächtige Vater war im Sohne, wann er den Gichtkranken gesund machte mit der Kraft seines Wortes: **Stehe auf, nimm dein Bett und wandle**, ebenso war er in ihm, wann er redete, wann er die Volksschaaren lehrte, wann er die Geheimnisse des Gnadenwillens Gottes verkündigte, wann er die Gerechtigkeit darlegte, welche vor Gott wohlgefällig macht und zum ewigen Leben führt. Jedes Wort, jeder Laut aus seinem Munde war ein Abglanz der Wahrheit, welche in seiner Person leibhaftig sichtbar geworden. Sein Wort war des Vaters Wort, welcher, wie der heil. Paulus an die Hebräer schreibt (1, 2), zu uns durch seinen Sohn geredet hat. Und Gottes des Vaters Wort ist Wahrheit (Joh. 17, 17). Ich, sagt der Heiland anderwärts (Joh. 12, 49) in eben dem angegebenen Sinne, **ich habe aus mir selbst nicht geredet, sondern der mich sendende Vater, der hat mir Gebot gegeben, was ich sprechen und was ich reden solle. Und ich weiß, daß sein Gebot ewiges Leben ist. Was nun ich rede, rede ich so, wie der Vater zu mir gesprochen hat.**

So ist es also die Wahrheit von Gott her, welche aus dem Munde unsers Heilandes zu unsern Ohren und zu unserm Geiste geflossen ist. Nicht einem Menschen, auch nicht einem bloßen Propheten glauben wir, wenn wir seinem Lehrworte unsere Herzen erschließen, sondern der ewigen, unerschaffenen Wahrheit unterwerfen wir uns durch unsern Glauben, wenn wir dem Worte Jesu Christi uns hingeben. Seit den Jahrtausenden haben die Weisen und Gelehrten dieser Zeit darüber nachgesonnen, wer oder was Gott sei. Jeder von ihnen hat seine, jeder eine andere Meinung darüber vorgebracht. Die Menschen sind hier diesem, dort jenem Lehrer nachgefolgt, welcher ihnen verhieß die Erkenntniß Gottes zu bringen. Keiner aber der Weisen dieser Welt vermochte sich darüber auszuweisen, daß er die Wahrheit habe oder lehre.

Denn Keiner dieser Gelehrten ist vom Himmel herabgekommen und hat uns von dorther die Kunde von Gott und der Wahrheit Gottes gebracht. „Keiner davon war aber auch, wie der heil. Irenäus so vortrefflich sagt, von der Erde in den Himmel hinaufgestiegen, um dort Gott zu sehen und aus Schauen und Hören bei Gott zu wissen, wer Gott sei, welches sein Wesen, seine Weisheit, welches sein Wille, welches die Wege seiner Vorsehung und das Ziel, dem er Alles entgegenführt. Von dieser Seite her sind darum die Menschen von jeher in Unkenntniß geblieben, und mußten sie auch in Unkenntniß bleiben, weil es den Menschen unmöglich ist, Gott ohne Gott kennen zu lernen." Das dringende Bedürfniß Gott zu erkennen empfand alle Welt; darum auch suchten — wie der heil. Paulus den Atheniensern bezüglich des Altars mit der Inschrift: dem Unbekannten Gotte, erklärt (Apostlg. 17, 27) — darum suchten die Menschen, ob sie wohl Gott ertasteten oder fänden. Aber Niemand wußte Rath noch Hilfe. Da hat der Himmel sich geneigt zur Erde, und das Wort, welches Fleisch geworden, hat von Oben herab die Kunde von dem ewigen Vater im Himmel gebracht. Wir sind nun die Hochbegnadigten, welchen diese göttliche Offenbarung zu Theil geworden. Niemand, so schreibt der heil. Evangelist Johannes (1, 18), Niemand hat Gott je gesehen; der eingeborne Sohn, welcher im Schooße des Vaters ist, der hat uns Kunde gebracht. Durch ihn haben wir die untrügliche Wahrheit gehört, geschaut, erkannt.

Wie wir durch Jesus Christus in die Offenbarung Gottes eingeführt werden, belehrt uns auch der heil. Clemens von Rom, der dritte Nachfolger des heil. Petrus in Rom, wenn er an die Korinther (K. 36) schreibt: „Durch ihn, unsern Herrn und Heiland blicken wir auf zu den Höhen der Himmel, durch ihn betrachten wir wie in einem Spiegel Gottes makelloses und allerhöchstes Angesicht, durch ihn sind aufgethan worden die Augen unsers Herzens, durch ihn geht auf unser unverständiger und verdunkelter Geist zu seinem wunderbaren Lichte, durch ihn wollte der Allmächtige zu genießen geben die unsterbliche Erkenntniß, durch ihn, der, da er war Abglanz der Majestät Gottes, um so erhabener ist, als die Engel, als er einen höhern Namen denn diese empfangen hat."

Und dieser göttliche Lehrer der Wahrheit hat uns auch in allem unsern Thun und Lassen gegen Gott und die Menschen, welche zu Gottes Ebenbildern erschaffen sind, in Wort und Beispiel untrüglich und allumfassend unterrichtet. Unser Denken und Fühlen, unser Wollen und Thun hat er zu Gott dem Vater in heiliger Weihe emporgehoben, da er uns lehrte G o t t v o n g a n z e r S e e l e, a u s a l l e n K r ä f t e n, m i t g a n z e m G e m ü t h e u n d ü b e r A l l e s z u l i e b e n. Zu dieser Liebe zieht er unsere Herzen hinan, da er zu den Aposteln und in diesen zu all seinen Jüngern sagt (Joh. 15, 9): W i e m i c h d e r V a t e r g e l i e b e t h a t, s o l i e b e i c h e u c h. B l e i b e t i n m e i n e r L i e b e. W e n n i h r m e i n e G e b o t e h a l t e t, w e r d e t i h r i n m e i n e r L i e b e b l e i b e n, w i e a u c h i c h d i e G e b o t e m e i n e s V a t e r s g e h a l t e n h a b e u n d i n s e i n e r L i e b e b l e i b e. Dieses Gebot der Liebe ist aber das neue Gesetz, in welches alle Gebote zusammengefaßt sind. Die Liebe Gottes und des Nächsten sind das neue Gebot, das in Jesu Christo gleichsam persönlich unter den Menschen erschienen ist und sich erfüllt hat und als die unbedingte Wahrheit sich bewähren soll in der Nachfolge Christi. E i n n e u e s G e b o t g e b e i c h e u c h, erklärt der Heiland in seiner Abschiedsrede (Joh. 13, 34), d a ß i h r e i n a n d e r l i e b e t, s o w i e i c h e u c h g e l i e b t h a b e, d a m i t a u c h i h r e i n a n d e r l i e b e t. In dieser unter den Menschen erweckten und lebendigen Liebe liegt die Wiedergeburt des Geschlechtes, die innere Umwandlung unsers Denkens und

Wollens gemäß der göttlichen Wahrheit, welche Christus persönlich ist. In dieser Wahrheit, die uns wahrhaft frei macht von der Lüge, werden wir in allen unsern Lebensverhältnissen, in der Bestimmung für den Himmel, in der Bestimmung für die Erde, in den Beziehungen zu den einzelnen Menschen und zu der irdischen Lebensordnung in jene Gottähnlichkeit umgewandelt, durch die wir in die Kindschaft Gottes mit Jesu Christo vereinigt sind in Gerechtigkeit und Wahrheit.

In solcher und ähnlicher Weise ist bei unserm angebeteten Erlöser überall Wort und Werk Eins. Was im Worte er lehrt, das zeigt er eben so klar durch seine That, durch Gottes würdige Thaten. Was er von sich sagt, das ist er auch, und was er ist, das und nichts anders bezeugt er auch. Blicken wir darum mit vollem Vertrauen zu ihm. In allen Verhältnissen des Lebens, wir mögen ihn hören oder sehen, ist er die Wahrheit, die lebendige, die sichtbare, die untrügliche Wahrheit. Betrachten wir ihn als Kind, so trägt er schon die Mühesalen des Lebens und läßt seine Bestimmung, Vielen zum Falle und Vielen zur Auferstehung, vorherverkünden für jene und alle folgende Zeiten. Der Jugend als Wahrheit vorleuchtend nahm er zu an Weisheit und Alter und Gnade bei Gott und den Menschen (Luc. 2, 52). Folgen wir ihm beim Eintritte in das öffentliche Leben, so ist er die sichtbare und laute Wahrheit, daß jegliche Gerechtigkeit erfüllt werden solle, wie er zu Johannes dem Täufer selbst sprach, als er sich von diesem taufen ließ. Und ist sein erstes Wunder, das er bei der Hochzeit zu Cana in Galiläa wirkte, nicht die unvertilgbare Wahrheit seiner Gotteskraft und der Erhöhung der Menschenwürde, die Gott ausgesprochen und geheiligt hat, als er den Stand der Ehe im Paradiese einsetzte und so die Familie gründete, segnete und schützte? Wie erweist sich der Heiland als die höchste,

Alles in sich fassende und ordnende Wahrheit, da er den Ausspruch that: Gebet Gott, was Gottes ist, und dem Kaiser, was des Kaisers ist. Hat er nicht dadurch die allein sichere Ordnung festgesetzt, welche auf Erden für Staat und Kirche treu gehalten werden solle, und auf der der Segen Gottes, der Ruhm der Herrscher und das Glück der Völker fest begründet ist? Ist Jesus Christus nicht die sichtbare, untrügliche Wahrheit in Wort und That für die einzelnen Menschen in ihrer Erdenpilgerschaft, damit sie in Frieden und Liebe sich wechselseitig unterstützen und nach dem ihnen bestimmten Berufe in Pflichttreue Gott dienen, und der einstigen Aufnahme in das himmlische Vaterhaus würdig werden? Er ist die Wahrheit, die ganze, die volle Wahrheit in Wort und That, über welche hinaus wir über das, was Gott und unser Heil betrifft, nichts weiter zu suchen haben, noch finden können. Ist er uns ja geworden, wie der Apostel an die Korinther schreibt (1. Kor. 1, 30): Weisheit von Gott und Rechtfertigung und Heiligung und Erlösung.

4. Wie könnten wir aber diese wunderbaren und erbarmungsvollen Rathschlüsse und erhabenen Bestimmungen wissen, wenn sie uns nicht zuverlässig kundgegeben wären durch den eingebornen Sohn Gottes, der diese Rathschlüsse und Bestimmungen auch gnadenreich zur Vollendung führt? In seinem Erdenwandel hat er diese **hochheiligen Geheimnisse** sowohl in Worten geoffenbart als auch durch **das Werk** augenfällig gezeigt. So ist er auch in diesem Sinne die Wahrheit uns geworden. Es möge genügen, dies durch einige Beispiele an den heil. Sacramenten klar zu machen. Wir empfangen durch das Evangelium die überaus trostreiche Botschaft, daß uns die Sünden nachgelassen werden durch die Gnade und die Verdienste Jesu Christi. Wir fragen uns: ist dies auch in der That wahr?

Unser Friede, unser Trost im Leben und im Sterben hängt davon ab. Darum fragen wir ängstlich: ist diese Botschaft auch untrüglich wahr? Nun sehet, Jesus Christus hat dafür durch ein Wunder Bürgschaft geleistet. Damit ihr wisset, sprach er zu den ungläubigen Pharisäern und Schriftgelehrten (Matth. 9, 6 ff.), daß des Menschen Sohn auf Erden Gewalt hat Sünden zu vergeben, so befahl er dem gelähmten Gichtkranken: Stehe auf, nimm dein Bett und gehe nach Haus. Und der Kranke war augenblicklich gesund, zum Beweise, daß ihm eben so innerlich die Sünden verziehen und die Schuld abgenommen sei, wie er von den Banden der Krankheit leiblich erlöst worden war. — Durch Glauben und Taufe, lehrt er uns, werden wir neu geboren und erleuchtet zur Erkenntniß Gottes. Dieß zeigte er augenscheinlich und handgreiflich, indem er dem Blindgebornen Augen gab, und nachdem er im Teiche Siloa sich gewaschen, das Augenlicht verlieh, womit er nachher Jesum Christum, den Lichtspender als den Sohn Gottes erkannte und bekannte (Joh. 9, 6 ff.).

Der Heiland verkündigt sich uns als das Brod des Lebens. Er will, daß wir dieses Brod essen, um das ewige Leben zu haben. Und damit wir nicht zweifelhaft sein können, wie er uns das Brod des Lebens ist und es uns gebe, sagt er (Joh. 6, 41): Ich bin das lebendige Brod, der ich vom Himmel herabgestiegen bin. Ebenso erklärt er weiter (Joh. 6, 54), daß, wer das Fleisch des Sohnes des Menschen nicht esse und sein Blut nicht trinke, das Leben nicht haben werde. Am Vorabende seines Leidens gab er dann unter der Gestalt des Brodes seinen Leib und unter der Gestalt des Weines sein Blut. Wie er aber wunderbar das Brod zur Speise vermehren und das Wasser zum Tranke in Wein verwandeln könne, bewiesen die vor Vieler Augen gewirkten andern Wunder. Dadurch hat er augenscheinlich gezeigt, daß, wie in diesen Wundern, er auch in jenem wunderbaren Geheimnisse seiner Liebe die persönliche, die untrügliche Wahrheit ist.

Jesus zeugte von sich, daß er in eigener Person die Auferstehung und das Leben sei, und daß, wer glaubt an ihn, lebe in Ewigkeit. Wir fragen abermals: Verhält sich das wirklich so? welche Gewißheit haben wir dafür? woran erkennen wir diese Wahrheit? Jesus hat für die Wahrheit dieser Verheißung ein untrügliches Unterpfand uns gegeben. Er hat den Lazarus welcher bereits vier Tage gestorben war und im Grabe lag, laut bei seinem Namen gerufen und durch sein allmächtiges Wort aus dem Grabe hervorgehen gemacht. So hat er bewiesen und bewährt, daß er der Erwecker aller Todten sei, der sie Alle am Ende der Zeiten aus allen Orten uud Enden der Welt vom Tode zu seinem Richterstuhle versammeln wird.

5. Die Himmel verkündigen, so ruft der Psalmist aus (18, 1), die Herrlichkeit Gottes und die Werke seiner Hände. Es spiegelt sich in Allem, auch in der winzigsten Creatur für den Verständigen etwas ab von der Größe Gottes, aber immer nur Etwas. Die Sonne erhellt mit ihrem Lichte die Finsterniß zum Tage, aber sie umfaßt nicht alles Licht, sondern nur einen Theil. Es gibt noch Sterne, welche außer der Sonne bei nächtlicher Weile mit eigenem Lichte glänzen. Anders verhält es sich bei Jesus Christus unserm Heilande. Er ist die allerleuchtende Wahrheit, wie in den Worten seiner göttlichen Macht, so auch in den Erscheinungen **seiner menschlichen Erniedrigung,** im Leiden und im Sterben. In welchem Verhältnisse seines Lebens wir unser Auge auf ihn heften mögen, immer führt er uns die Wahrheit zur Anschauung vor. In Jesu Christo bildet sich vollkommen und treu ab, was an uns, den Menschen war und ist, unsere ganze Lage. Er, der Gott gleiche Eingeborne des Vaters ist zugleich geboren aus der gebenedeiten Jungfrau, ist wahrer Mensch wie wahrer Gott.

Als Mensch hat er mit unserm Fleische auch unsern ganzen Jammer, unsere der Versuchung ausgesetzte Natur, die Sünde ausgenommen, mit angezogen. Er hat, wie der Prophet vorher verkündigte (Is. 53), **unsere Schwachheiten auf sich genommen und unsere Krankheiten getragen.**

Betrachten wir unsern Herrn und Heiland mit aufmerksamen Blicken, so stellt er uns allerdings wie im Spiegel dar das Bild der Heiligkeit, in welchem allein der Mensch Gott wohlgefällig wird. Es tritt uns da entgegen seine Selbstverleugnung, seine Demuth, seine Sanftmuth, sein Gehorsam bis zum Tode. Dieß ist aber nicht das Einzige. Wir lernen an ihm auch unser eigenes Elend in treuer Abbildung kennen. Wie deutlich drückt sich dies in seinem Leiden aus. Daß Gott die Sünde an den Menschen verabscheue, hasse und strafe, davon spricht das ganze alte Testament. Davon hatten auch die Heiden eine Ahnung; denn sie brachten wie die Juden Opfer dar zur Sühne ihrer Sünden, womit sie die Gottheit beleidigt und wider sich erzürnt hatten. Aber **wie sehr** Gott die Sünde verabscheue, und wie furchtbar sein Zorn sie an den Schuldigen ahnde, das wußten sie nicht. Die Größe und Fluchwürdigkeit der Sünde stellt sich leibhaft und ausdrucksvoll erst dar an Jesus Christus dem Erlöser, welcher als das Lamm Gottes die Sündenschuld der Welt auf sich genommen, getragen und in seinem Kreuzes-Leiden und Sterben mit seinem Blute sie gesühnt und getilgt hat. Stellt sich nicht in dem namenlosen Leiden, welches er statt unser auf sich genommen hat, in dem schreckbaren Gerichte, in welches er eingetreten, und selbst unschuldig zum Opfer für die Sünde am Kreuze sich hingegeben hat, die ganze Größe der Verschuldung dar, womit wir dem göttlichen Gerichte verfallen waren? Sehen wir den Erlöser am Oelberge im schweren Todeskampfe ringend, in seinem Blutschweiße gebadet angesichts des Leidenskelches; sehen wir ihn den von blutigen

Geißelriemen zerschlagen und durchwundet, mit der Dornenkrone, dem Abzeichen des Sündenfluches gekrönt; hören wir den Pilatus rufen: Ecce homo, sehet, der Mensch; und sehen wir ihn endlich ausgestreckt am Kreuze zwischen zwei Missethätern, nackt und mit Wunden überdeckt, verhöhnt von Juden und Heiden, hilflos und verlassen von Gott und den Menschen, zuckend in der Todespein, aushauchend seinen Geist am Holze der Schmach und Marter: gewahren wir, die Sünder, in diesem schaudervollen Leiden dieses unsers Stellvertreters, der mit all dieser Pein uns wieder eingelöst hat von der Verdammniß, nicht unser eigenes, durch unsere Missethaten verschuldetes Loos in seiner ganzen grauenhaften Gestalt? Auch Christus am Kreuze ist die Wahrheit, die leibhafte, die ausdrucksvollste Wahrheit, die, wie der heil. Paulus in seinem Briefe an die Galater (3, 1) sagt, vor unsere Augen hingeschrieben ist, auf daß wir einsehen und erkennen, was ohne die Hilfe und die Vermittlung dieses unsers barmherzigen Versöhners und Hohenpriesters nach diesem Leben, im göttlichen Gerichte unser gewartet hätte.

Christus der Gekreuzigte ist die Wahrheit. Wer in dem Leichtsinne des zerstreuungsvollen Lebens meint, daß Gott die Sünde nicht hasse, nicht strafe; wer meint, daß Gottes Gerechtigkeit nicht strenge Buße dafür fordere; wer meint, unbesorgt das Sündenleben fortsetzen zu können, unbekümmert um die Ewigkeit: der belehre sich an der Größe des Opfers, welches für unsere Freilassung aus der Knechtschaft des Satans und von dem Gerichte bedungen war; der lasse sich belehren an dem Kreuzesleiden des Sohnes Gottes, um dem so verderblichen Irrthum zu entsagen und reuevoll von dem verführerischen Wege des Lasters, der breiten Straße, die zur Hölle führt, zurückzukehren zur Wahrheit, welche in eben so greifbarer als blutiger Weise vom Kreuze Jesu Christi her sich seinen Blicken aufnöthigt.

6. Jesus Christus ist aber auch die Wahrheit, die

sichtbar gewordene Wahrheit, wie für unsern Glauben so auch für die **Hoffnung der Christen.** Er ist die Wahrheit auch in seiner Auferstehung von den Todten und in seiner glorreichen Auffahrt in den Himmel, wo er sitzt zur Rechten des Vaters. Wir arme Menschen auf Erden, denen nur eine Spanne Zeit zu leben verstattet ist, wir reichen mit unsern Augen nicht weit, unser Blick ist sehr beschränkt. Wie wir nicht wissen, was vor unserer Erschaffung gewesen, so sehen wir auch nicht, welches der schließliche Ausgang aller Dinge in der Welt sein werde. Wir empfinden darum so hart den Druck der zeitlichen Leiden, der Trübsale, der Krankheiten und zuletzt auch die Bitterkeit des Todes. All diese Mühesale bereiten uns jetzt Schmerz und Wehe, erpressen uns Seufzer und Klagen. Mit einem Worte, wir sind darüber unglücklich. Und doch sind alle diese Trübsale und Schmerzen für uns in Wirklichkeit nichts als Segen und Glück. Sie sind der Durchgang durch die Zucht der göttlichen Schule zur ungetrübten Seligkeit. Jede Züchtigung, schreibt der heil. Paulus in seinem Briefe an die Hebräer (12, 11), scheint zwar für die Gegenwart keine Freude zu sein, sondern Trauer; hernach aber wird sie denen, die durch sie geübt worden, friedseelige Frucht der Gerechtigkeit verleihen. Der Unglaube erkennt dieses nicht, und die sinnlichen Kinder der Welt verspotten als Blödsinn den Glauben, welcher inmitten aller aufreibenden Drangsale nicht von Gott abläßt. Haben wir nun Recht mit unserm Glauben und Hoffen? Wo finden wir die untrügliche Entscheidung?

O, Geliebte im Herrn! Laßt uns empor schauen zu unserm göttlichen Lehrmeister. Er hat gelitten in der Welt und von der Welt Armuth, Spott und Lästerung und die Schande und Marter des Kreuzes nach dem Willen des himmlischen Vaters, und ist auf diese Weise in seine Glorie eingegangen. Mußte nicht, so sprach der Auferstandene auf dem Wege nach Emaus zu den Jüngern, die sich in ihrer Trauer nicht zu fassen vermochten, mußte nicht **Christus dieses Alles leiden, und so in seine Glorie eingehen?** An ihm schauen wir seitdem die Räthsel dieses Weltlaufes aufgelöst. Wir sehen an ihm den trüben Anfang und das freudenreiche Ende; wir sehen die Armuth und Blöße in der Krippe und am Kreuze und nach Ueberwindung von Allem in Glauben und Gedulb die Ehre und Herrlichkeit; dort zertreten wie ein Wurm, hier im Strahlenglanze der Majestät Gottes. So ist an ihm der Eingang und Ausgang lebendig und sichtbar gezeigt und dargestellt. Jesus Christus ist auch in der Auferstehung und Glorie die **Wahrheit.**

In der Glorie zwar sehen wir ihn dermalen nicht, so lange er entrückt ist in den Himmel, und wir auf der Erde noch wandeln. Aber wir glauben und wissen ihn dort oben, den Sieger über die Welt in der Herrlichkeit des Vaters. Denn die Apostel, welche uns überliefert haben seine Menschwerdung und seine Erniedrigung wie seine Auferstehung und Himmelfahrt, haben ihn vor ihrem Tode geschaut auf dem Berge Tabor im Sonnenglanz seiner Majestät, als der Vater ihn vor ihren Augen mit seiner Glorie umstrahlte, und die Stimme dazu erscholl (Luk. 9, 28 ff.): **Dieser ist mein geliebter Sohn, an dem ich Wohlgefallen habe, den höret.** Christus in Gottes Glorie als Sohn Gottes geschaut und verkündigt, Er ist die lebendige, die sichtbar gewordene, die im Fleische erschienene Wahrheit. Christus aufgefahren in den Himmel, der segnend die Erde im Aufblicke seiner Jünger verließ, ist die lebendige, unleugbare Wahrheit, daß, wie er versprochen, er zu seinem und ihrem Vater hingegangen, um dort ihnen **eine Stätte zu bereiten** (Joh. 14, 2 ff.).

Wir wissen demnach, was er damit sagen wollte: Ich bin die Wahrheit. Wir haben ihn geschaut voll

Gnade und Wahrheit. Wir leihen nicht ersonnenen Menschenlehren das Ohr, wir jagen nicht leeren Märchen oder Dichtungen nach, wenn wir unsern Glauben, unser Hoffen, unser Vertrauen setzen auf Christus den Erlöser von Sünde und Tod, von der Welt und ihrem Fürsten. Wir haben nicht allein sein Wort, sondern auch sein Leben und Wirken, seine ganze Erscheinung vom Eintritte in die Welt bis zur Aufnahme in den Himmel bis auf den heutigen Tag und bis zum Ende der Tage, die Wahrheit immer und in Allem.

Wenn aber die Wahrheit in Jesu Christo hienieden leibhaft erschienen ist und ihr Licht hellleuchtend über die Erde verbreitet, woher kommt es dann, daß so viele Menschen der Wahrheit abhold, feindselig und gegen sie verstockt sind? Woher kommt es, daß so viele Menschen offenbar und ungescheut der Lüge anhangen und in der Lügenhaftigkeit unermüdlich dahin trachten, den Irrglauben, Unglauben und gänzliche Gottlosigkeit überall zu verbreiten? Dieser furchtbaren Erscheinung unserer Tage liegen vielfache Ursachen zu Grunde. Der heil. Paulus weist uns in seinem Brief an die Römer (1, 18 ff.) auf ein schreckliches Strafgericht Gottes hin, das die Menschen durch ihre vielfache Gottlosigkeit und Ungerechtigkeit sich zugezogen haben, da sie die **Wahrheit Gottes in Ungerechtigkeit niederhielten**. Denn, so erklärt der Apostel weiter, denn kund ist ihnen, was von Gott bekannt ist. Das Unschaubare Gottes nämlich wird von der Weltschöpfung aus durch das, was geschaffen worden, geistig wahrnehmbar erschaut, nämlich seine ewige Macht und Göttlichkeit, so daß sie unentschuldbar sind. Nachdem sie aber Gott erkannt hatten, verherrlichten sie ihn nicht als Gott und sagten ihm nicht Dank. Sie wurden vielmehr nichtig in ihren Gedanken, und finster wurde ihr unverständiges Herz, und so sind sie, indem sie sagten, sie seien Weise, Thoren geworden. Wie sie aber in ihrem Verstande bis zur Thorheit sich verloren haben, so überließ sie auch Gott den Gelüsten ihres verderbten Herzens, so daß sie in die gräulichsten Laster fielen, und ihre Versunkenheit mit ihrem Untergange beschlossen wurde. In dieser Schilderung bezeichnet uns der heil. Paulus den Weg zum Unglauben in der vorchristlichen Zeit und das Loos derjenigen Völker und Menschen, welche im Abfalle von der Wahrheit, die sie durch Ungerechtigkeit darniederhielten, dahinlebten.

Kann es anders in den christlichen Zeiten denjenigen Völkern und Menschen ergehen, welche in die christliche Gnade und Wahrheit eingepflanzt sind, wenn sie in Ungerechtigkeit die Wahrheit darniederhalten, sich der Lüge hingeben und hartnäckig darin verharren? Darf es dann noch befremden, wenn nach Mißbrauch all der christlichen Heilsgnaden die furchtbare Erscheinung hervortritt, daß die in den Unglauben Gefallenen ihren Vorzug, nach Gottes Ebenbild erschaffen und mit dem Blute Jesu Christi erlöst zu sein, so gänzlich vergessen und verläugnen, daß sie selbst nicht mehr an die Unsterblichkeit ihrer Seele glauben wollen und sich den Thieren gleich machen und noch versichern sich zu freuen, daß sie ein gleiches Loos mit diesen zu theilen hoffen? Das ist die schrecklichste Lüge, in die die Menschen sich verstricken, welche die Wahrheit Gottes in Ungerechtigkeit niederhalten und in einen Abgrund des Blödsinns und der Gottlosigkeit versinken.

Andere haben die Wahrheit, welche sie aus Christo haben, in der Weise durch Ungerechtigkeit barniedergehalten, daß sie gänzlich vergessen, was sie dem christlichen Glauben und der christlichen Bildung zu verdanken haben. Sie sind gegen sich selbst so verblendet und lügenhaft, daß sie meinen und vorgeben, aus eigener Einsicht und Weisheit Alles zu schöpfen, was sie als Menschen bedürfen. In dieser Verwirrung verwerfen sie leichtsinnig und höhnend den Glauben an Christus, um ihrer eigenen Meinung frei und blind zu folgen. Durch solchen frevelhaften Uebermuth wollen die Verblendeten Gott, den sie aus Natur und Offenbarung erkannt haben, nicht verherrlichen, ihm nicht danken. Sie erdreisten sich vielmehr, die Wahrheit, die Jesus Christus selbst ist, und die er, der Gottmensch uns geoffenbaret hat, nach ihrer eigenen Einsicht zu beurtheilen. Gott aber widersteht, wie er selbst verkündet hat, den Hof=färtigen, gibt aber seine Gnade den Demüthigen. So geschieht es, daß zum abschreckenden Beispiele solche vorgebliche Forscher und Weise der Welt in ihren eigenen Trugschlüssen sich umgarnen und durch ihre Lehrmeinungen und Lehrbehauptungen so verwirrt werden, daß sie das richtige Denken und das gesunde Urtheil meistens verlieren. Die Bethörten haben die Wahrheit Gottes in Un=gerechtigkeit niedergehalten und leben darum in der gefährlichsten Täuschung für sich und in der verderblichsten Lügenhaftigkeit für Andere.

Wie viele Menschen verfallen so dem Irrthum und der Lüge, da sie die Wahrheit dort suchen, wo sie nicht ist und auch nicht gelehrt werden kann. Sehen wir nicht in unsern Tagen häufig Menschen sich ihren Mitmenschen als Lehrer aufdrängen, die geradezu nur dem Irrthume und der Lüge sich dienstbar gemacht haben; Menschen, die selbst von Gott und der Wahrheit in Jesus Christus abgefallen sind und nur die Geister verwirren und die Herzen verkehren? Sehet euch um, Geliebte im Herrn, und erwäget vor Gott und euerm Gewissen, ob diejenigen, welche durch Wort und Schrift, in Umgang und Beispiel sich als Lehrer Anderer aufstellen und geltend machen, zu einem solchen hochwichtigen Amte tüchtig und würdig sind! Diese Prüfung ist um so uner=läßlicher, da selten mehr als die eigene Anpreisung zur Bürgschaft gegeben wird. Im gewöhnlichen Lebensverkehr, wo es sich um irdischen Nutzen oder Schaden handelt, sind wir meistens sehr vorsichtig. Wir fragen nach, ehe wir unser Vertrauen schenken, ob die erforderliche Fähigkeit nicht fehle, wie der bisherige Lebenswandel beschaffen, ob Treue und Redlichkeit gesichert erscheinen. Warum sind wir nicht ebenso und mehr noch besorgt für die höchsten Güter des unsterblichen Lebens, damit wir darin nicht betrogen werden? O, Geliebte im Herrn, ihr könnt in unsern Tagen des Irrthums und des Unglaubens nicht vorsichtig genug sein, um euch und die Eurigen vor der Lüge und ihrem Verderben zu bewahren. Es wird nur zu häufig die eigene Ansicht für unbezweifelte Wahrheit, die eigene Erfindung für Thatsache, die eigene Deutung für Wirklichkeit ausgegeben. Beobachtet nur mit einiger Aufmerksamkeit, wie die Geschichte der vergangenen Jahrhunderte und selbst die unserer Tage behandelt wird. Sind nicht oft die Thatsachen erdichtet oder gefälscht, um die Lüge zu verbreiten und die Wahrheit zu verdächtigen und die Geister zu verwirren? Ach! die von Jesus Christus in seiner Kirche bestimmte Heilsordnung selbst ist seit Jahrhunderten vielorts verwirrt und zerstört. Der Buchstabe ist statt des Geistes zum Lehrer erhoben. Der Buchstabe aber nach der menschlichen Willkür tödtet, der Geist aus Gott ist's, der lebendig macht (2. Kor. 3, 6). Ist dadurch nicht eine Sprachenverwirrung, gleich der babylonischen im Christenthum entstanden, und damit eine Fluth von Lehren, Meinungen und Irrthümern, denen menschliche Weisheit und Macht keinen schützenden Damm mehr entgegen zu stellen vermögen?

Aus dem Munde des heil. Paulus wissen wir (1. Kor. 3, 19), daß die Weisheit dieser Welt bei Gott Thorheit ist. Im Reiche Gottes, als dem Reiche der Wahrheit, wird die Weisheit der Welt schon um ihres Ursprungs wegen, und da sie nie ohne Beimischung der menschlichen Trüglichkeit ist, keinen andern Einfluß gewinnen, als nur auf Menschen, welche, wenn auch der Kirche äußerlich angehörend, innerlich noch dem Sinnen des Fleisches folgen und der irdischen Gelüste sich nicht entschlagen (Röm. 8, 5 ff.). Wie verderblich aber und der Wahrheit aus Gott nachtheilig muß das Streben jener Menschen werden, welche selbst die Worte, die Lehre Christi und der Apostel nach eigener Auffassung deuten und sie darum mißdeuten, weil sie nicht auf das sinnen, was Gottes, sondern was des Menschen ist. Solche Lehrer sind schon in den angeführten Worten gerichtet, welche Jesus Christus zu Petrus gesprochen hat, da dieser den Heiland der Welt von der Ausführung des Rathschlusses Gottes im Geheimnisse des Sühntodes am Kreuze abhalten wollte. Damals aber war der heil. Geist noch nicht den Aposteln mitgetheilt, um sie und das Reich der Wahrheit in Jesu Christo für alle kommende Zeiten in alle Wahrheit einzuführen. Wie nothwendig und heilbringend aber diese wunderbare Einführung der Kirche in die unfehlbare Wahrheit gewesen, beweist die Erfahrung aller Jahrhunderte. Hat es doch zu allen Zeiten einzelne Menschen gegeben, die für sich und mit ihrem Anhange nicht in der Wahrheit bestanden sind; die besondere Lehren aufgebracht, hartnäckig behauptet und eifrigst verbreite, haben; die, wenn sie im Widerspruch mit der Kirche beharrtent von der Wahrheit gänzlich abfielen und von der Kirche ausgeschlossen wurden.

Der Heiland warnte nicht umsonst vor den falschen Propheten (Matth. 7, 15), welche in Schafskleidern kommen, inwendig aber reißende Wölfe sind. Sie heucheln oft großen Eifer für Christus, verbreiten aber Zwietracht und Haß und fröhnen nicht selten ihrer hochmüthigen Selbstsucht und andern Leidenschaften. Aus ihren Früchten sollen sie, wie der Heiland versichert, erkannt werden. Und wahrhaft aus ihren Früchten sind sie alle von den ersten falschen Propheten, von den ersten Irrlehrern in der Apostolischen Zeit an bis auf unsere Tage erkannt worden. Haben diese falschen Propheten nicht sogleich gegen die ewige Wahrheit in Jesu Christo schon dadurch sich aufgelehnt, daß sie die Einheit zerrissen, um welche der göttliche Heiland vor seinem Leiden zum Vater gebetet hatte (Joh. 17, 11 ff.): Heiliger Vater, bewahre sie in deinem Namen, die du mir gegeben hast, damit sie Eins seien, so wie auch wir? Und nicht für die Apostel allein hat der Heiland gebetet, sondern, wie er weiter beigefügt, auch für diejenigen, welche glauben werden durch ihr Wort an mich, damit Alle Eines seien, so wie du, Vater! in mir und ich in dir, damit auch sie in uns Eines seien, auf daß die Welt erkenne, daß du mich gesendet hast. Sehet, das soll ein Hauptmerkmal der Wahrheit sein, daß sie als die Eine sich bewähret damit Alle in der Wahrheit geheiligt werden. Welch ein Frevel gegen Christus, wenn diese Wahrheit zerrissen, wenn sie nach eines Jeden Meinung gedeutet und dann geglaubt werden soll! So wird die göttliche Wahrheit herabgewürdigt; so wird Zweifel und Irrthum verbreitet. Und Jesus Christus, die ewige Wahrheit, die im Fleische erschienen ist, Jesus Christus hochgelobt in Ewigkeit erscheint in einer Zweideutigkeit, in einer Unsicherheit, daß Menschen in ihrer Verkehrtheit es wagen in Zweifel zu ziehen, ob Jesus Christus eine geschichtliche Person sei. Können wohl die Menschen in ihren Verirrungen, in ihrem Unglauben, die sie auch ungescheut verbreiten, weiter gehen? Scheint aber nicht gerade in unsern Tagen in Erfüllung zu gehen, was der heil. Paulus an die Thessalonicher schreibt (2. Thess. 2, 10 ff.), daß nach Gottes Rathschluß und Zulassung ein solches Wirken des Truges eintrete, damit die, welche die Liebe zur Wahrheit nicht angenommen haben, der Lüge glauben, und Alle gerichtet werden, welche der Wahrheit nicht geglaubt, sondern Gefallen gehabt haben an der Ungerechtigkeit.

Die Mißachtung und Verläugnung der Wahrheit in Jesu Christo, wodurch so viele Menschen in die Finsterniß der Unwissenheit, des Irrglaubens und Unglaubens, oder doch in unheilvolle Zweifelsucht versunken sind, kann nur einen der Täuschung und der Lüge günstigen Einfluß auf ihr Thun und Lassen in ihren Lebenskreisen ausüben. Daher kommt es, daß eine unheilvolle Gleichgiltigkeit gegen die Wahrheit in Jesu Christo, die nur Eine ist, gegen die Religion und gegen die Kirche, durch welche die Eine Wahrheit uns zu aller Gerechtigkeit und Gottseligkeit führen soll, vielseitig verbreitet und empfohlen wird, und daß so der vielgestaltige Irrthum Anerkennung findet. Daher kommt es, daß die Ausübung der christlichen Tugend und die Pflege der höhern Vollkommenheit von Vielen verachtet und sogar verfolgt wird. Daher kommt es, daß die irdische Gesinnung sich als zur unbeschränkten Befriedigung berechtigt hält, und die Leidenschaft der Sinnlichkeit zu fröhnen, die Erdengüter unbehindert aufzuhäufen keine Scheu mehr kennt. Werden nicht durch solche Grundsätze, oder doch durch eine solche Handlungsweise alle Lehren des christlichen Lebens verfälscht und alle Gebote Gottes vereitelt? Ist das nicht eine solche Verkehrung und Verläugnung der christlichen Wahrheit und Heilsordnung, daß, wenn Gott nicht Einhalt thun würde, das höhere Licht, um den christlichen Verstand mit der Wahrheit zu erleuchten, erlöschen und der himmlische Gnadenzug, um das Herz zu den ewigen Gütern emporzuheben, kraftlos werden müßte? Diesen Zustand der Verwirrung schildert uns der heil. Ambrosius in einem treffenden Bild, worin er die Menschen, welche die Lüge der Wahrheit vor ziehen, der Nachteule vergleicht, welche mit ihren großen Augen bennoch die Finsterniß liebt und den Glanz der Sonne verabscheut, da sie in verwunderlicher Weise durch die Dunkelheit erleuchtet und durch das Licht geblendet wird. „Dieses Thier, so erklärt er weiter, ist das Bild der Irrlehrer und Heiden, welche die Finsterniß des Teufels suchen und das Licht des Heilandes fliehen, mit großen Augen das Eitle schauen, zum Ewigen aber nicht aufblicken. Von diesen sagt der Prophet: **Sie haben Augen und werden nicht sehen.** Und anderswo: **Sie wandeln in der Finsterniß.** Sie sind scharfsinnig für das Falsche, blind für das Wahre, träg für das Göttliche. Und da sie glauben in erhabenen Reden zum Höhern sich zu erheben, werden sie wie Nachteulen durch den Glanz des wahren Lichtes verwirrt."

Das ist das Angesicht der Erde, wie es sich uns vielfach darbietet. Müssen wir nun nicht fürchten, die Wahrheit, die Jesus Christus im Fleische erschienen selbst ist, bald und unwiederbringlich zu verlieren, oder nur noch in wenigen Jesu Christo treu gebliebenen Seelen bewahrt zu finden? Der Heiland selbst hat den erschreckenden Ausspruch gethan (Luk. 18, 8): **Wird des Menschen Sohn, wenn er gekommen ist, wohl den Glauben finden auf der Erde?** Liegt nicht hierin für uns Alle die ernste Warnung gegen die Irrlehre und den Unglauben, die sich durch Verführung aller Art weithin verbreiten? Doch fassen wir Vertrauen, die Menschen werden wohl getäuscht vom Satan, auf dessen Stirn geschrieben steht: **Lüge**, dem Evangelium Jesu Christi vielfach untreu werden, und die heil. Kirche schmähen und verlassen: die Wahrheit aber können sie nicht vertilgen, die Kirche nicht zerstörn. Denn Gott ist die Wahrheit und die Kirche ist auf die Wahrheit gegründet. An den Menschen liegt es die Wahrheit aufzunehmen und unter Gottes Gnadenbeistand reichliche Früchte der Wahrheit zu bringen.

II.

1. Unser Herr und Heiland, der die Wahrheit selbst ist und sie ewig für uns sein will, hat bei seiner Aufnahme in den Himmel die Erde nicht verlassen. Wir dürfen ihn nicht in der Ferne suchen. Er und die ewige Wahrheit in ihm sind **uns immer gegenwärtig**. Er hat uns die

troſtvolle Verheißung gegeben (Math. 28, 20): Siehe, ich bin bei euch alle Tage bis zur Vollenbung der Welt. Und wie treu und wunderbar hat er dieſe Verheißung erfüllt! Wie er leibhaft nach der Auferſtehung dem Petrus und den andern Apoſteln erſchienen iſt, ſo hat er leibhaft nach der Himmelfahrt wiederholt dem heil. Paulus ſich gezeigt, wie wir in der Apoſtelgeſchichte (9, 5. 17) leſen. Und ohne Unterbrechung iſt er den Seinigen nahe geſtanden, wie dies unwiderſprechliche Thatſachen bezeugen. Soll ich euch auf jenes Wunder hinweiſen, wo Petrus an der Tempelpforte (Apoſtelg. 3, 6) den Lahmgeborenen geheilt hat, da er zu ihm ſprach: Im Namen Jeſu Chriſti, des Nazareners richte dich auf und gehe. Und wie viele andere Wunder haben die Apoſtel im Namen Jeſu gewirkt, durch welche der Heiland ihr Lehrwort als die unzweifelhafte Wahrheit beſtätigt hat! Da aber derſelbe Herr Jeſus Chriſtus auch nach den Tagen der Apoſtel in unzählbaren Wundern ſeine fortwährende Gegenwart und Wirkſamkeit hat erglänzen laſſen, wie uns die Geſchichte der Kirche und die Acten der Heiligen berichten, ſo iſt dadurch auch beſtätigt, daß ſeine Wahrheit mit ihm ſtets unter uns iſt und die Geiſter erleuchtet. Wo Jeſus Chriſtus iſt, da iſt auch die ewige, göttliche Wahrheit, welche von ihm unzertrennlich, welche er ſelbſt iſt. In dieſer gnadenreichen Verkündigung der Heilslehre iſt Jeſus Chriſtus, wie er verheißen hat, allzeit bei ſeinen Apoſteln und Geſandten. Dieß hat er ſelbſt verſprochen, da er bei ihrer Sendung zu allen Völkern, um ſie zu lehren und zu taufen, die himmliſche Verheißung gegeben hat: Siehe, ich bin bei euch alle Tage bis zur Vollenbung der Welt.

Nebſt dieſen und anderen göttlichen Erweiſen und Verheißungen, daß unſer Herr und Heiland als die ewige, leibhafte Wahrheit bei den Seinigen auf Erden gegenwärtig und wirkſam iſt, haben wir das unausſprechliche Wunder seiner gottmenschlichen Liebe, in welchem er allzeit im allerheiligsten Altarssakramente unter uns wohnt, sein blutiges Opfer am Kreuze unblutig auf dem Altare vergegenwärtigt und sich uns als das Brod des Lebens sakramentalisch mittheilt. O, sagt selber, Geliebte im Herrn! Hätte der ewige Sohn Gottes, der in der Zeit Mensch geworden und unter uns gewohnt hat, voll der Gnade und Wahrheit, mehr thun können, um uns zu überzeugen, daß er in der Fülle der Gnade und Wahrheit immerdar unter uns verbleiben werde? Oder dürfen wir, da wir nunmehr ein solches Vermächtniß und Unterpfand seiner Liebe besitzen, zweifeln, daß Jesus Christus, wie er leibhaft als die ewige Wahrheit unter den Menschen gewandelt ist, auch jetzt noch als diese Wahrheit auf Erden unter den Seinigen verbleibe und ihnen, wie allen denen, die ihn aufnehmen wollen, die göttliche Wahrheit mittheile; daß er immer sei und bleibe auf Erden als das Licht zur Erleuchtung der Völker und zur Glorie seines Volkes Israel? Jesus Christus, der ewige Sohn Gottes, der von sich gesagt hat: Ich bin die Wahrheit, ist und bleibt das Licht zur Erleuchtung der Völker und zur Glorie seiner auserwählten Braut, der Kirche. Er soll Allen offenbar werden als der Heiland aller Welt.

2. Er hat aber noch mehr verheißen und gethan. Unser Heiland hat, damit die Fülle seiner Gnade und Wahrheit bei uns verbleibe, und darin das Erlösungswerk für und für erhalten werde und wirksam sei, in besonderer Weise noch seine göttliche Fürsorge bewährt. Ehe er dem Leibe und der äußeren Erscheinung nach von seinen Jüngern schied, **verhieß er ihnen** beim letzten Abendmahle **einen andern Stellvertreter**. Ich werde, sprach er, (Joh. 14, 16), den Vater bitten, und er wird euch einen andern Tröster geben, damit er zusammenbleibe mit euch auf ewig, den Geist der Wahrheit, welchen die Welt nicht kann annehmen, weil sie ihn

nicht sieht, noch ihn kennt. Werden wir bei diesem schrecklichen Ausspruche gegen die Welt nicht an jenes Verdammungsurtheil erinnert, welches Gott vor der Sündfluth gegen die sündigen Menschen aussprach, da er verkündigte: Mein Geist kann nicht mehr verbleiben bei den Menschen; denn alles Fleisch hat seine Wege verkehrt? Zur Zeit Noes wurde das Menschengeschlecht, das die Wege Gottes verlassen, das sich nicht mehr vom Geiste Gottes führen ließ, in der Sündfluth vertilgt, nur Noe und seine Familie, in welcher der Geist Gottes verblieb, wurden in der Arche gerettet. Als aber in dem Geheimnisse des Kreuzholzes, in welchem die heil. Väter die Arche des neuen und ewigen Bundes erblicken, das Versöhnungsopfer der Menschheit vollendet war, sollte der Geist Gottes, der heil. Geist als Spender aller Heilsgnaben vorerst den Verkündern des Reiches Gottes zur Ausbreitung des Evangeliums der Wahrheit gesendet werden, und dieser Geist der Wahrheit sollte immerdar bei ihnen bleiben als der Tröster mitten in einer Welt, welche der göttlichen Erleuchtung ungeachtet in der Finsterniß beharren werde, weil ihre Werke böse sind.

Allein dieser Geist der Wahrheit, welcher den Auserwählten des in Jesu Christo gestifteten Reiches Gottes himmlischen Trost spenden sollte, hatte auch die Bestimmung immer mehr die Menschen für die Aufnahme der Wahrheit aus Gott zu bereiten und in diese Wahrheit sie einzuführen. Dies ersehen wir aus einem andern Ausspruche des göttlichen Heilandes bei dem letzten Abendmahle (Joh. 16, 13), welcher lautet: Wenn Jener kommen wird, der Geist der Wahrheit, so wird er euch in alle Wahrheit einführen; denn nicht wird er reden von sich selbst, sondern was er gehört, wird er reden und Künftiges euch verkündigen. Jener wird mich verherrlichen, weil er von dem Meinigen nehmen und euch verkündigen wird. Alles, was immer der Vater hat, ist mein; darum habe ich gesprochen: Von dem Meinigen wird er nehmen und es euch verkündigen. Die Wahrheit des göttlichen Erlösungswerkes ist so erhaben, die Lehren sind so wunderbar, daß sie die menschlichen Fassungskräfte, um sie in sich aufzunehmen und Anderen mitzutheilen, weit übersteigen. Der gottmenschliche Heiland aber wird bald die Erde verlassen und zur Rechten des Vaters im Himmel erhoben werden. Und diese göttliche Heilswahrheit sollten die Apostel in alle Welt verkündigen und so das Reich Christi, das Reich der Wahrheit gründen. Gewiß ein Werk, das alle menschlichen Kräfte übersteigt. Aber der heil. Geist ist es, der vom Sohne verheißen worden und gesendet wird, und vom Vater, wie vom Sohne ausgeht, welcher, wie er bei der Schöpfung über den Gewässern schwebte, das Werk Jesu Christi, die neue Schöpfung der Gnade durch die Apostel vollenden und verklären wird.

Diesen Geist der Wahrheit hat der Heiland bald auch nach seiner Himmelfahrt gesendet. Er ist vernehmbar in einem Brausen vom Himmel her, wie eines dahin fahrenden gewaltigen Wehens herabgekommen und hat sich sichtbar, in sich vertheilenden Zungen, wie von Feuer auf die in Jerusalem versammelten Jünger des Herrn niedergelassen. „Wie groß ist sonach", ruft der heil. Augustinus aus, „wie unaussprechlich ist die Liebe des Erlösers! Den Menschen nahm er hinauf zum Himmel und Gott, den heil. Geist schickt er herab zur Erde. Wieder einiget sich also Göttliches mit dem Menschlichen. Es einiget sich der heil. Geist, als Stellvertreter und Nachfolger des Erlösers mit dessen Kirche. Was der Gottmensch begonnen hat, vollendet, was er erkauft hat, heiligt, was er erworben hat, leitet und behütet sein und des Vaters heil. Geist." Dieser heil. Geist ist seitdem ausgegossen über die Gesammtkirche, welche da erbaut ist auf dem Fundamente der Apostel und der Propheten; indem der Eckstein selber Jesus Christus ist (Eph. 2, 20). In diesem heil. Geiste bildet die Kirche den Leib Jesu Christi, der Alles in Allem erfüllt. Und dieser Eine Leib ist die Kirche Gottes auf Erden, die unzertrennlich in die Gemeinschaft des heil. Geistes zusammengefügt ist, und dadurch die Wahrheit unverlierbar besitzt, und unverfälscht bewahrt und ungeschmälert mittheilt. Mit diesem Geiste, der vom Himmel in die Kirche ausgegossen worden, verharrt Jesus Christus bei den Seinigen als unzertrennlicher Quell aller Wahrheit und Gnade. Die Apostolische Kirche durch die Gemeinschaft des heil. Geistes belebt, verschmolzen und verwachsen mit Jesus Christus besitzt mit ihm ohne Verdunklung, ohne Trübung die Wahrheit Gottes, die er selber, der Sohn Gottes, in Person ist. "Darum empfing er", sagt der heil. Märtyrer Ignatius, "die Salbe auf seinem Haupte, das heißt den heil. Geist, damit er Unvergänglichkeit seiner Kirche zudufte", nämlich sie unverwüstlich in dem Besitze der Wahrheit, die ihr Leben ist, befestige. Welch eine unaussprechliche Gnade für uns, daß der Heiland erfüllt hat (Joh. 6, 45), was in den Propheten geschrieben ist: Und sie werden Alle sein von Gott gelehrt! O, göttlicher Lehrer, der du die Wahrheit selbst bist und den Geist der Wahrheit gesendet hast, damit er in alle Wahrheit einführe, lasse nicht zu, daß deine Kinder jemals von der Wahrheit zur Lüge sich wenden; erhalte sie gnädig in deiner Wahrheit! Sende deinen Geist aus und erneuere das Angesicht der Erde.

3. Die Wahrheit, die göttliche, die Wahrheit, die der Sohn Gottes selbst ist, und die uns vorleuchten soll als die Lampe unserer Füße und das Licht unseres Geistes, ist eine so erhabene Gabe, daß kein Mensch, wenn er auch noch so befähigt wäre, sie aus sich würdig zu verkündigen, noch daß eine menschliche Gesellschaft in eigener Kraft sie unversehrt zu erhalten vermöchte. Nur Einer, der ewige Sohn Gottes, in der Zeit Mensch geworden, hat diese Sendung vom Vater im Himmel empfangen und nur Er kann **diese Sendung**

auch mittheilen und hat sie mitgetheilt. Darum auch spricht er, bevor er zum Himmel auffuhr (Math. 28, 18): **Mir ist alle Gewalt gegeben im Himmel und auf Erden. Gehet hin und lehret alle Völker, sie taufend im Namen des Vaters und des Sohnes und des heiligen Geistes, und lehret sie Alles halten, was ich euch geboten habe.** Ehe aber der Heiland die Apostel als Verkündiger der Wahrheit in alle Welt aussandte, hatte er selbst sie in die Wahrheit eingeführt. Denn sie waren seine Begleiter, da er die Heilslehre in Galiläa, Judäa, in den Städten, auf dem Lande, in dem Tempel zu Jerusalem, in den Synagogen und in den Häusern predigte und lehrte. Ihnen, den Aposteln hat er das genaue Verständniß der übernatürlichen Wahrheiten von dem Reiche Gottes aufgeschlossen. Sie, die Apostel waren Zeugen der Wunder und der außerordentlichen Erscheinungen, die den Heiland als den Lehrer der Wahrheit, den Sohn Gottes kund gaben und bestätigten. Der göttliche Lehrer der Wahrheit wollte es nicht gleichsam dem Zufalle überlassen, ob die Heilsrathschlüsse Gottes den Menschen immerwährend kund gegeben würden, ob der Heilssame ausgestreut würde, oder ob nach ihm die himmlische Wahrheit wieder verdunkelt werde oder gar von der Erde verschwinde. Die Apostel wußten, daß sie als **Diener Christi und Ausspender der Geheimnisse Gottes aufgestellt waren** (1. Kor. 4, 1), und wollten auch als solche in ihrer Sendung, in ihrem Amte anerkannt und aufgenommen sein.

So verkündeten die Diener, die Apostel die göttliche Wahrheit und forderten, daß ihr apostolisches Wort gehört und in dem Glauben aufgenommen werde, welcher zum Heile führt, und ohne den es nicht möglich ist Gott zu gefallen. So verkündigten sie die himmlische Heilslehre und ordneten das Reich der Wahrheit, wie der Heiland befohlen. Und wenn Einige von den Aposteln durch schriftliche Mittheilungen an die Glaubenslehren erinnerten, oder sie weiter auseinander setzten, oder auch Anordnungen des christlichen Lebens trafen; so geschah dieses eben auch in Kraft desselben Auftrages die Völker zu lehren, Alles zu halten, was der Heiland ihnen befohlen hat. So wurde mündlich von allen Aposteln, mitunter auch schriftlich von einzelnen die göttliche Wahrheit den Völkern verkündigt und wird in dieser zweifachen Weise durch das untrügliche Lehramt der Kirche stets erhalten und fortgepflanzt.

4. Die Kirche aber hat der göttliche Heiland **auf Petrus**, den Felsmann **gegründet**, und zwar darum, weil der himmlische Vater diesen Apostel dazu auserwählt und ihm besonders kund gegeben hat, daß Jesus Christus ist der Sohn des lebendigen Gottes, und sonach die ewige, persönliche Wahrheit, wie auch Christus dieß offenbarte, da er sprach: Ich bin die Wahrheit. Die Kirche ist die Heilsburg, welche Jesus Christus erbaut hat auf den Felsen, damit in ihr die Wahrheit unversehrt erhalten und treu verkündet werde. Und zum obersten Wächter dieser Burg ist aufgestellt Petrus, des Jonas Sohn, der selbst ein Fels ist durch den göttlichen Gnadenbeistand, und darum die Burg hüten soll, die von den Pforten der Hölle zwar angefeindet, aber nicht überwältigt werden kann. Welch gnadenvolle Fürsorge Gottes, daß die Wahrheit in Jesu Christo auf der Erde nicht mehr durch die Lüge gefälscht, oder verfinstert, oder gar zerstört werden kann! Sie ist geborgen in einer von Gott erbauten Veste, die, weil auf den Felsen gebaut, nicht zerstört, nicht erschüttert werden kann. Und wie die Burg, so ist auch der ihr anvertraute Schatz unter Gottes allmächtiger Obhut. Die Lüge und mit ihr die Hölle und alle der Wahrheit feindlichen Mächte werden zwar gegen die auf den Felsen erbaute Kirche anstürmen mit all ihrer Waffenrüstung; sie werden sie aber nicht bewältigen. Das hat sich oft schon in den vorübergegangenen achtzehn hundert Jahren

erwiesen, in welchen die kath. Kirche ihrem göttlichen Stifter, der die W a h r h e i t selbst ist, treu den Glauben an ihn und an seine göttliche Wahrheit, welche ihr anvertraut ist, unter den schwersten Versuchungen, unter den heftigsten Anfeindungen und blutigsten Verfolgungen unerschütterlich bewahrt und muthig aller Welt verkündigt hat.

Was sich bisher so augenfällig bewährt hat und für die Zukunft eine sichere Beruhigung gibt, hat aber eine über allen Zweifel erhabene Bürgschaft sowohl in dem Ausspruche des Heilandes, daß er seine Kirche auf den Felsen gebaut hat, als auch in der Offenbarung, daß er für Petrus, auf den er seine Kirche als auf den Felsen erbaut hat, der schwere Prüfungen zu bestehen hatte, g e b e t e t h a b e (Luk. 22, 32), damit sein Glaube nicht wanke, sondern er einst, nachdem er umgekehrt sein werde, seine Brüder festige. Es ist demnach Petrus, welcher fortwährend in seinen Nachfolgern, den Stellvertretern Christi, die Brüder befestigen wird. Petrus konnte menschlicher Schwäche in der Betäubung seines Schmerzes unterliegen, im Glauben aber durfte er nicht wanken, nicht fallen; dem wehrte das Gebet des Herrn. Der Apostel, der Felsmann ist durch das Gebet des Sohnes Gottes, der Wahrheit selbst, aufrecht erhalten worden im Glauben, damit er die Brüder befestigt. In dem Bekenntnisse Petri von Christo: D u b i s t C h r i s t u s , d e r S o h n d e s l e b e n d i g e n G o t t e s , ist zugleich die göttliche Wahrheit des Christenthums und all seiner Heilslehren und Gnaden in der ganzen, ungetheilten Fülle enthalten. Dieses Bekenntniß Petri haben alle dessen Nachfolger auf dem heil. Stuhle zu Rom so offenkundig und unverfälscht bewahrt, daß der heil. Augustin den schon oft wiederholten Ausspruch gethan hat: „Rom hat gesprochen, der Streit ist beendigt." Der große Kirchenlehrer wollte dadurch kund geben, daß, nachdem der Nachfolger Petri in Rom die Entscheidung gegeben habe, was Wahrheit und

Irrthum, was zu glauben und nicht zu glauben, was anzunehmen und zu verwerfen, was Recht und was Unrecht sei, eine weitere Untersuchung, eine weitere Bescheidung nach eigener Ansicht oder Meinung nicht mehr zulässig sei. Diesen Mittelpunkt der kirchlichen Wahrheit, der von Petrus herab, wenn es sich um christliche Lehre, um christliches Leben handelte, als der Richterstuhl der Wahrheit in der ganzen Kirche anerkannt und verehrt wird, hat Gott wunderbar erhalten, wie er ihn felsengleich unzerstörbar gegründet hat, damit die Wahrheit unversehrt in der Kirche bewahrt werde.

So besteht in diesem göttlichen Reiche der Wahrheit, dessen unsichtbares Haupt Jesus Christus durch das sichtbare Haupt, den Nachfolger des heil. Petrus vertreten wird, und dessen innere Lebenskraft, die Fülle der Gnade und Wahrheit durch den heil. Geist in alle Glieder des geistigen Leibes fortwährend nach Maß der Empfänglichkeit ausgegossen ist, immerdar die Grundfeste, worauf die Wahrheit unerschütterlich ruhet, und die Säule (1. Tim. 3, 15), auf welcher sie offenkundig Jedermann entgegenleuchtet. Das Lehramt der Kirche besteht untrüglich fort durch alle Zeiten, wie die Quellen der Gnadenfülle niemals auf Erden versiegen. Wenn jemals die Wahrheit in irgend einer Lehre in Zweifel gezogen wird, so tritt die sichere Entscheidung hervor, die in unbedingtem Glauben Anerkennung und Zustimmung von Seiten aller Kinder der Kirche findet. Die Schafe und die Lämmer werden auf die gesunde Weide allzeit geführt (Joh. 21, 15 ff.). Wie vom Vater im Himmel den Jüngern des Heilandes und mit ihnen allen Menschen zugerufen worden: den sollt ihr hören; so sind auch Alle, welche in der heilbringenden Wahrheit die einzig gesunde Seelenweide suchen, verpflichtet, dem Stellvertreter Jesu Christi, des obersten Hirten unserer Seelen, in dem Apostel Petrus und seinen Nachfolgern als die Lämmer und die Schafe treu zu folgen.

5. Es können aber Zeiten eintreten, in welchen nebst den gewöhnlichen Mitteln und Wegen, auf welchen die Wahrheit in Jesu Christo und die Gnadenfülle der Erlösung den heilsbedürftigen Menschen durch die Kirche mitgetheilt werden, es auch gerathen erscheint die außergewöhnlichen anzuwenden. Zu diesen außergewöhnlichen Mitteln und Wegen gehören in der allgemeinen Heilsordnung des Reiches Gottes **die allgemeinen Concilien.** Schon im Anfange der Kirche sehen wir die Apostel in Jerusalem sich versammeln, um nach reifer Berathung über die Frage der gesetzlichen Vorschriften des alten Bundes zu bestimmen, was ihnen und dem heil. Geiste schien beobachtet werden zu sollen. In den folgenden Jahrhunderten traten öfter in Glaubensfragen und kirchlichen Anordnungen bringende Veranlassungen ein für besondere Länder oder für die ganze Kirche Concilien zu berufen und zu versammeln. Eine solche Anforderung glaubte auch unser jetzt in schweren und gefahrvollen Tagen so glorreich regierende Papst Pius IX. zu sehen, und fühlte sich daher vom heil. Geiste angeregt ein allgemeines Concilium für das Jahr 1869 auf das erhabene Fest der unbefleckten Empfängniß der allerseligsten und gnadenreichen Jungfrau und Mutter Gottes Maria zu berufen.

In der Berufungsbulle, welche ich euch, Geliebte im Herrn schon im vorigen Jahre, als sie erschienen war, mittheilen ließ, habt ihr vernommen, welche hochwichtige Gründe den heil. Vater bestimmten, alle Bischöfe der kath. Welt und Alle, welche sonst Berechtigung und Pflicht haben, einer solchen Kirchenversammlung beizuwohnen, unter den ernstesten Mahnungen und heiligsten Verpflichtungen zur Theilnahme an dem ausgeschriebenen Concilium aufzufordern und einzuberufen. Niemanden von Euch kann es unbekannt sein, welche Stürme gegen die Kirche Gottes und besonders gegen den geheiligten Stuhl Petri in unsern Tagen sich erhoben haben, und mit welchem Verderben die ganze menschliche Gesellschaft bedroht ist. Welche Gewaltthätigkeiten und Ungerechtigkeiten verübt werden, könnt ihr beinahe täglich hören. Alles wird aufgeboten, um die kirchliche Zucht und Ordnung zu zerstören. Irrglaube und Unglaube werden ungescheut verbreitet. Die christlichen Sitten werden durch Sünden, Laster und Verbrechen geärgert und untergraben. Die von Gott gesetzte Heils- und Lebensordnung scheint in der bürgerlichen und kirchlichen Gesellschaft zertrümmert werden zu sollen. Doch, was menschlich uns erschrecken muß — stellen wir es uns vor Augen und nehmen es zu Herzen, um desto zuversichtlicher an die Worte der ewigen, untrüglichen Wahrheit uns zu halten, die der Heiland vor seinem bevorstehenden Leiden gesprochen hat (Joh. 16, 33): **In der Welt werdet ihr Bedrängniß haben; doch seid getrost, ich habe besiegt die Welt.** — Und bei einer anderen Gelegenheit, wo es sich um die Güter der Welt handelte, welche durch die Welt den Jüngern des Herrn oft entzogen werden, hat der Heiland ermuthigt, da er sprach (Luk. 12, 32): **Fürchte dich nicht, du kleine Herde! weil es euerm Vater gefallen hat, euch das Reich zu geben,** nämlich das Reich der Himmel. In diesen gefahrvollen Zeiten nimmt nun der Statthalter Christi, von der Last der schwersten Uebel bedrückt, mitten unter allen Bedrängnissen seine Zuflucht zu Gott, vertrauend auf die Verheißungen Christi und die Fürbitte der Mutter Gottes, der Apostelfürsten und Heiligen und geht muthig an das große Werk den vielfachen Uebeln zu steuern und sie, wenn es im Rathschlusse Gottes liegt, von der Kirche und von der menschlichen Gesellschaft abzuwenden, oder doch solche Heimsuchungen in Heilsmittel umzuwandeln.

Und in der That, wenn der heil. Geist, der Geist der Wahrheit die Eine, Apostolische Kirche in alle Wahrheit einführt und darin bewahrt; wenn in dieser Kirche Christi die persönliche Wahrheit in Jesus Christus allzeit gegenwärtig ist, wo immer die Auserwählten über die Erde verbreitet sind: wie sollte dieser Geist der Wahrheit seine Wirksamkeit nicht noch kräftiger entfalten; wie sollte die persönliche Wahrheit, Jesus Christus sich nicht noch strahlender erweisen da, wo diejenigen, welche zu lehren, zu schirmen und zu streiten haben, sich zum heiligen Werke mit dem vereinigen, welchen der Heiland in Petrus und als dessen Nachfolger zum Oberhaupte seiner Kirche aufgestellt hat, auf den auch übergeht, was vom Felsen gerühmt wird, worauf die Kirche gebaut ist, und der in dem Gebete inbegriffen war, daß er im Glauben nicht wankend die Brüder befestige? Soll da nicht besonders sich darthun und erweisen, was der Heiland ausgesprochen, da er die tröstliche Versicherung gegeben: Siehe, ich bin bei euch alle Tage bis an's Ende der Welt? Und haben wir nicht dazu noch die weitere Verheißung (Math. 18,20): Wo zwei oder drei in meinem Namen versammelt sind, bin ich mitten unter ihnen? O, beherzigen wir dieses Wort! Es hat seine Bedeutung und Gültigkeit für alle Zeiten und Jahrhunderte der Kirche. Ich bin mitten unter ihnen. Der Herr ist im Himmel, und doch ist er — so lautet wörtlich seine Verheißung — obschon unsichtbar, in Mitten der Seinigen, wenn diese unter Anrufung seines Namens sich versammeln, auch hier auf Erden, er selbst in eigener Person, die Fleisch gewordene Wahrheit. Er ist so wahrhaft und persönlich in ihrer Mitte, wie er es bereinst gewesen, da bei dem letzten Abendmahle er gesprochen: Ich bin die Wahrheit. Er selbst, der einst seine Jünger inmitten von Sturm und Wellen gerettet, der den Petrus über den Wogen erhalten, der den Paulus im Schiffbruche behütete — er trägt und schirmt die Seinigen, wenn die Winde und Wogen des wild aufgeregten Völkermeeres in all' den bittern Widersachern und geschworenen Feinden den Felsen umbrausen, auf den die Kirche erbaut ist; wenn die Winde und Wellen der Irr-

thümer und des Unglaubens die Wahrheit in den Abgrund
zu begraben versuchen.

In dem allgemeinen Concilium sind im Namen Christi
nicht zwei oder drei zusammen zur Ehre seines Namens, in der
Treue seines Bekenntnisses; es sind in großer Menge ver=
sammelt diejenigen, welchen die Huth seiner Heerde anvertraut
ist; es sind versammelt in seinem Namen, die da gesetzt
sind vom heil. Geiste zu regieren die Kirche
Gottes. Und sie sind allesammt vereinigt unter dem
Vorsitze desjenigen, auf den er als den gotterwählten Felsen
seine Kirche aufgebaut hat mit der Verheißung, daß die
Pforten der Hölle sie nicht überwältigen werden. Es sind da
außerdem versammelt dem Geiste nach die Millionen Gläu=
bigen, die über die weite Erde zerstreut sind; sie sind in
ihren frommen Gebeten versammelt um Jesus Christus,
den obersten Hirten unserer Seelen und in seinem Namen
vereinigt mit seinem Statthalter auf Erden, mit ihren
Bischöfen und Hirten. Ja jetzt schon versammeln sich die
frommen Gläubigen im Namen Jesu, um die Gnadenfülle
für dieses Concilium zu erflehen. Euch Alle, Geliebte im
Herrn, ermahne ich in väterlicher Liebe und Obsorge, daß
ihr auch in euerm besonderen und gemeinsamen Gebete das
bevorstehende allgemeine Concilium der barmherzigen und
mächtigen Obhut Gottes oft und anbächtig empfehlet.

Wie der Heiland sich Wenigen nicht versagt, wenn sie
in seinem Namen sich vereinigen, sollte er nicht die reichste
Gnadenfülle seiner Gegenwart walten lassen, wenn alle die
Bischöfe im Concilium für die christliche Ordnung, diese erste
Grundbedingung alles wahren irdischen und ewigen Heiles
einstehen; wenn sie die überlieferte Heilswahrheit, den Geistern
der Lüge und der im Argen liegenden Welt entgegen, öffentlich
und gemeinsam erklären und verkündigen? So oft hat der
Widersacher Gottes es versucht, den Glauben zu fälschen, und,
wenn er es vermöchte, selbst die Antwort auf die Frage: was

denn die chriſtliche Wahrheit ſei, unmöglich zu machen. Ebenſo oft aber hat der heil. Geiſt, welcher ununterbrochen in der Kirche Zeugniß gibt, daß Chriſtus die Wahrheit iſt (1. Joh. 5, 6), dieſe vergeblichen Anſtrengungen des Geiſtes der Finſterniß und der Kinder des Unglaubens zu Schanden gemacht durch den Mund der Concilien. So haben das Oberhaupt der Kirche und die um dasſelbe vereinigten Hirten und Lehrer der Kirche laut und beſtimmt die menſch= lichen Lehrneuerungen als Pflanzen, welche nicht ge= pflanzt hat der himmliſche Vater, als Unkraut ge= kennzeichnet und aus dem Garten Gottes ausgeriſſen. Sie haben die Irrlehren als Gewächſe, welche, ihrer Natur nach giftig, denen, die ſie genießen, den Tod bringen, den Chriſt= gläubigen zur Warnung bezeichnet, und dieſe ſo vor dem Wege des Verderbens bewahrt und auf dem Wege des Heiles geſichert.

6. So iſt unſer Heiland Jeſus Chriſtus, der Sohn Gottes feierlich bezeugt, bekannt und verherrlicht in der Einen Ge= meinſchaft, welche von ihm durch die Apoſtel den Namen trägt; verkündigt nach der ganzen Wahrheit, wie er nämlich, eingeboren in die Menſchheit aus der gnadenvollen Jungfrau, gewohnt hat unter uns voll Gnade und Wahrheit; er iſt feierlich bezeugt, wie er in Lehre und Wundern auf Erden wohlthuend vorübergegangen iſt; geglaubt wahr und getreu, wie er gelitten hat am Kreuze für unſere Sünden, und wie er auferſtanden iſt von den Todten, um uns Gerechtigkeit zu ſchenken und ewiges Leben; er iſt hochgelobt und angebetet, wie er thront zur Rechten der Majeſtät Gottes, unſer Hoher= prieſter und König; er iſt hoffnungstreu und liebevoll erwartet, wie er mit dem Zeichen des Menſchenſohnes in den Wolken des Himmels bereinſt erſcheinen wird zu richten die Lebendigen und die Todten, und wie er die Auserwählten aufnehmen wird zu ewiger Seligkeit in den Himmel, die Verworfenen aber verſtoßen wird in die ewige Pein der Hölle. So ſteht

der Heiland als die ewige Wahrheit, die allzeit treu durch die Kirche verkündet wird, denjenigen gegenüber, welche das hellstrahlende Licht der Wahrheit zu verfinstern unternommen haben. Die Unglückseligen erdreisten sich den Glanz seiner Gottheit ihm abzusprechen und zugleich seine menschliche Natur zu erniedrigen, in der er für uns das Opferlamm geworden. Sie entwürdigen ihn bis zur Lüge, da sie die Geheimnisse des Reiches Gottes fälschen, die Sakramente entleeren und vernichten; ja sie entwürdigen ihn bis zum Unheile, da sie an die Stelle der Einheit des Glaubens die hundertfache Spaltung und für die einigende Liebe erbitterte Anfeindung in das Leben hereingeführt haben.

7. In der That, **das Reich Jesu Christi und unser Heiland selbst**, Hochgelobt in Ewigkeit, **werden frevelhaft angefeindet**; es wird gegen sie in unseren Tagen mit allen Waffen der Lüge, der Ungerechtigkeit und Gewalt angekämpft. Der Geist der Finsterniß erhebt sein Haupt unter den verschiedensten Gestalten. In früheren Zeiten wurden einzelne Wahrheiten des Evangeliums bestritten und geleugnet; der Geist der Verneinung sucht aber jetzt seine Macht, die da ist die Macht des Irrglaubens und Unglaubens überallhin auszubreiten. Die Familien werden verwirrt, die Bildungsanstalten sind gefährdet, die ganze Gesellschaft ist bedroht den christlichen Boden, auf dem sie erwachsen, zu verlieren. Scheint es nicht, daß Alles sich zusammengethan wider Christus und seinen Gesalbten? Schwache werden geängstigt, Unkundige irre geführt, die Glaubensfreudigkeit wird niedergedrückt, der Muth des Bekenntnisses erschüttert, der tödtende Zweifel in die Gemüther geworfen. Die Kirche, welche die alleinige Burg der ewigen Wahrheit auf Erden ist, wird gewaltig von den Pforten der Hölle bedrängt und bestürmt. War es da nicht an der Zeit, daß der Hirte, welchem als Nachfolger des heil. Petrus Jesus Christus seine Herde zur Führung anvertraut hat (Joh. 21, 15), seine

Stimme wieder wie in alter Zeit erschallen ließ, und all' die Vorsteher und Hirten der Einzelkirchen über den ganzen Erd= kreis hin zu dem Stuhle Petri zusammenrief? Da soll durch das vereinigte und öffentliche Zeugniß derer, die in ordent= licher, apostolischer Nachfolge vom heil. Geiste gesetzt sind zur Regierung der Kirche, aller Welt kund werden, welches da ist die Wahrheit, die Heilsgnade Christi, wie die größere Ehre Gottes gefördert, was zur Erhöhung der Kirche, zur würdigen Heranbildung ihrer Priester, zur treuen Befolgung der Kirchen= gesetze in allen Gliedern des Reiches Gottes, zur Förderung der christlichen Jugend=Erziehung, zur Belehrung der Irrenden, zur Kräftigung aller Tugend und Gottseligkeit und zum wahren Wohle der ganzen menschlichen Gesellschaft in Familie und Staat unter Erleuchtung und Kräftigung im heiligen Geiste geschehen solle. Und laut werden die Hirten die Stimme erheben, vereint mit Petrus, um die Brüder im fernen Osten herbeizurufen, um die Kirchen des Morgenlandes, welche seit vielen Jahrhunderten vom Mittelpunkte der Kirche getrennt sind, wieder zur heiligen Gemeinschaft zurückzuführen. Und die heilige Liebe zur Wahrheit und der Hirteneifer für die Seelen werden die Versammelten drängen, keine Mühe zu scheuen, keine Opfer zu sparen, um auch diejenigen, welche vor drei Jahrhunderten in Folge der Lehrneuerungen von der kath. Kirche ausgeschieden sind, zu dem Einen Glauben und Bekenntnisse der katholischen Wahrheit zurückzuleiten. Welch ein erhabenes, gnadenreiches Werk steht der Kirche bevor! Welch ein Freudenfest im Himmel und auf Erden, wenn die Fülle des heil. Geistes zu solch einer christlichen Erneuerung des Angesichts der Erde sich über die Völker und Nationen ergießt! Welch ein Segen nicht blos für die christlichen Länder, sondern auch für jene Gegenden der Erde, über welche das Licht des Evangeliums sich noch nicht verbreitet hat! O, daß doch alle Menschen über die weite Erde hin erkennen, daß Jesus Christus ist wahrhaft Gottes Sohn, gesendet vom Vater, der Erlöser Aller, der König Aller, die im Fleische erschienene ewige Wahrheit, Gott von Allen hochgelobt in Ewigkeit (Röm. 9, 5)!

Wie glücklich sind wir, Geliebte im Herrn, daß wir in Jesu Christo die göttliche Wahrheit besitzen. O, die Wahrheit, welch ein großes unschätzbares Gut, ohne die es kein sicheres Gut gibt! Ohne die Wahrheit ist auch im Erdenleben Alles ohne innern Gehalt und festen Bestand. Die Wahrheit ist es, welche die Menschen im Großen zur Gesellschaft im Staate und in den Gemeinden vereinigt und zusammenhält. Die Wahrheit ist es, welche die Menschen im Einzelnen verbindet und ihren gesicherten Verkehr erhält. Aber unaussprechlich erhabener und beseligender erscheint die Wahrheit, welche unser Leben im Erdenwandel bildet und unfehlbar zum höchsten Ziel in der Ewigkeit hinüberleitet. Diese Alles umfassende Wahrheit besitzen wir in Jesu Christo, welcher die Wahrheit selbst ist, und durch den in Erfüllung geht, was der Apostel Paulus als den Willen Gottes für uns Menschen erklärt (1. Tim. 2, 4), da er sagt: **Gott will, daß alle Menschen selig werden und zur Erkenntniß der Wahrheit gelangen.**

Diese beseligende Wahrheit besitzen wir in der Kirche Gottes, als die Eine und vollkommene Heilslehre, die nicht anders sein kann, wie der heil. Cyprian uns versichert, da „nur Ein Gott und Ein Christus und Eine, seine Kirche und Ein Glaube ist." Und diese beglückende Wahrheit dürfen wir nicht erst mühevoll suchen, da sie uns gegeben ist. Die Weisen unserer Tage, die sich brüsten die Wahrheit zu suchen, können den Durst nach Wahrheit nicht stillen. Sie graben sich Cisternen, die kein Wasser haben (Jerem. 2, 13), und da sie sich für Weise halten, sind sie Thoren geworden, die sich wechselseitig widersprechen, widerlegen und verhöhnen. Wer kann das Glück erfassen und aussprechen, welches uns, den Kindern der Kirche geworden ist, daß wir in Wahrheit wissen und versichert sind, daß unser Gott nicht nur uns nahe ist, sondern daß unser Gott auch unser Heiland ist, und daß er von der Sünde und von dem Tode uns erlöst hat und in seiner heil. Kirche uns aller Gnaden theilhaftig macht?

Wie beklagenswerth sind hingegen jene Menschen, die außerhalb der Kirche Christus suchen in seiner Gnade und Wahrheit! So lange Sie auf ihren Verstand allein sich stützen, werden sie auch die Gebilde ihres Verstandes mit allen Täuschungen der menschlichen Unwissenheit und Leidenschaft mit der Lehre Jesu Christi und seiner Wahrheit vermengen. Jeder sucht nach seiner Art und findet nach seiner Art, was er voraussetzt, was er will. Alle menschliche Wissenschaft, wenn sie nicht vom höheren Lichte erleuchtet und verklärt ist, kann nicht zur Wahrheit hinanreichen, welche vom Himmel gekommen ist und in der Kirche vom heil. Geiste in unsere Herzen eingegossen wird. Die göttliche Heilswahrheit, welche in der Kirche Gottes bewahrt ist, wird in der Kirche Gottes, wie der Herr die Apostel sie gelehrt und der heil. Geist sie darin eingeführt hat, bis zum Ende der Tage erhalten, um Früchte des Heiles in den Kindern der Auserwählung zu bringen. Keine Neuerung wird je zugelassen, sondern was überliefert ist, das allein gilt als die göttliche Lehre, als die himmlische Wahrheit. Der heil. Irenäus sagt: „Die Ueberlieferung der Apostel, wie sie geoffenbart ward in der ganzen Welt, mögen Alle, welche der Wahrheit auf den Grund kommen wollen, in jeglicher Kirche einsehen." Wie die Apostel lehrten, so lehrten aller Orten ihre Nachfolger, welche in das Amt der bischöflichen Thätigkeit eingesetzt wurden. So blieb immer Eine und dieselbe Lehre, wie die Wahrheit Eine und dieselbe ist. Die überlieferte Lehre, mag sie mündlich oder schriftlich mitgetheilt sein, wird treu bewahrt und in den folgenden Geschlechtern ohne Minderung oder Mehrung, ohne irgend eine Aenderung fortgepflanzt. Würde irgendwie von der überlieferten Wahrheit abgewichen, so könnte dieses nicht unbemerkt geschehen. Es würde sich vielmehr alsbald Einspruch erheben, wodurch die wahre Lehre von der falschen unterschieden, und der Heilsschatz gesichert wäre.

Wie sicher sind im Hause der Wahrheit die Kinder der Wahrheit! Sie besitzen diesen kostbaren Schatz in seiner ganzen Fülle wie auch in den einzelnsten Theilen. Das einfachste und in andern Dingen wenig erfahrene Kind ist weiser selbst in den natürlichen Wahrheiten, die durch die übernatürlichen beleuchtet sind, als die größten Weltweisen der Vorzeit. Es glaubt und weiß, daß es Einen Gott gibt, der unendlich vollkommen ist, und daß Gott selbst sich den Menschen geoffenbart hat. Es kennt den Unterschied zwischen dem Guten und Bösen und weiß, daß das Gute belohnt und das Böse bestraft wird. Es weiß, daß die Seele, die Gott mit erhabenen Gaben ausgerüstet hat, unsterblich ist. Und welche Fülle und welche Klarheit und welche Beseligung besitzt der fromme Gläubige durch die göttliche Offenbarung in Christo, der ewigen Wahrheit! Ich weiß, ruft er überglücklich aus, ich weiß, daß der Sohn Gottes Mensch geworden, daß er nach einem Leben voll der Wunder und himmlischer Belehrung in Wort und That, als der Weltheiland, um die sündigen Menschen zu erlösen, am Kreuze das Sühnopfer dargebracht hat. Ich weiß, daß er die Kirche gestiftet und mit der Fülle der Gnade und Wahrheit begabt hat. Ich weiß, daß ich durch den Glauben hoffend und liebend zum Himmel vorbereitet und dereinst dorthin, wenn ich treu meinem Heilande folge, aus dieser irdischen Wanderschaft aufgenommen werde. Aus dieser Fülle der Gnade und Wahrheit in der Kirche verbreitet sich die höhere Erleuchtung und Kräftigung in die menschlichen Lehr- und Bildungsanstalten und bereichert diese mit himmlischem Lichte und übernatürlicher Lebenskraft. Darum auch müssen die menschlichen Lehranstalten und Schulen zugleich Kanäle der Wahrheit aus Gott zur höhern, geistigen Bildung sein, und so durch die Kirche geöffnet und fruchtbringend erhalten werden. Unheilvoll und unaussprechlich verderblich ist daher das Sinnen Jener, welche diese Kanäle abgraben, welche die Schule der Kirche und dadurch die Menschheit dem wahren Heile entfremden wollen.

Beherziget nun wohl, Geliebte im Herrn, was der göttliche Heiland in einem schönen Gleichnisse uns lehrt. Er sagt (Matth. 6, 22): Die Leuchte deines Leibes ist dein Auge. Wenn nun dein Auge klar ist, wird dein ganzer Leib Licht sein; wenn aber dein Auge schlecht geworden, wird dein ganzer Leib finster sein. So nun das Licht, welches in dir ist, Finsterniß ist; die Finsterniß, wie groß wird sie sein? Wie nun, gibt der Heiland zu verstehen, das erschaffene Licht, die Sonne mit dem leiblichen Auge aufgenommen wird, so wird das unerschaffene Licht, die ewige Wahrheit mit dem geistigen Auge erfaßt. O, daß doch unser inneres Auge nie durch Sünde getrübt oder durch die Finsterniß der Hölle verdunkelt sein möge. Der Leiblichblinde ist ohne Licht der Sonne, wenn auch diese noch so hell scheint. So ist auch der Geistigblinde ohne Licht, wenn auch die Sonne der Wahrheit noch so herrlich leuchtet rings um ihn in der Kirche Gottes. Seien wir daher vor Allem besorgt, damit wir nicht in der Sünde blind, in dem Unglauben oder Irrglauben verfinstert sind und so die Strahlen der Wahrheit Jesu Christi in seiner Kirche nicht aufzunehmen vermögen. Solche Unglückselige haben in sich selbst das verderbliche Hinderniß, daß ihr Verstand nicht zur himmlischen Erkenntniß erleuchtet, und ihr Herz nicht zu heiligen Begierden entflammt werde. Wie hochwichtig ist es demnach, daß wir stets bereit und würdig sind, die Wahrheit, die Christus Jesus selbst ist, in uns aufzunehmen, da Jesus Christus, wie er vor Pilatus bezeugt (Joh. 18, 37), als König in die Welt gekommen ist, um der Wahrheit

Zeugniß zu geben. Und diesem Zeugnisse fügt er noch die inhaltsschweren Worte bei: Jeder, der da aus der Wahrheit ist, höret meine Stimme. Das ist ein untrüglicher Ausspruch Gottes. Prüfen wir uns daher im Angesichte Gottes des Allwissenden und Allmächtigen, ob wir die Stimme Jesu Christi hören. In der Kirche aber erschallt die Stimme Jesu Christi, da der Heiland die Apostel versichert (Luk. 10, 16): Wer euch höret, der höret mich; und wer euch verachtet, verachtet mich. Wer aber mich verachtet, verachtet benjenigen, welcher mich gesandt hat. In der Kirche also läßt sich für und für die Stimme der Apostel vernehmen; darum sagt auch der Heiland (Matth. 18, 17): Wer die Kirche nicht hört, sei wie ein Heide und Zöllner.

Könnte an den Christen, an das Kind der Kirche ein schrecklicheres Wort ergehen, als der Vorwurf, welchen der Heiland den Juden machte (Joh. 8, 46): Wenn ich euch die Wahrheit sage, warum glaubt ihr mir nicht? Wer aus Gott ist, höret Gottes Wort. Deshalb höret ihr nicht, weil ihr nicht aus Gott seid. Muß ein solcher Ausspruch nicht Jeden mit Furcht erfüllen, dem sein Gewissen sagt, daß er die Wahrheit aus Christo in der Kirche nicht hört oder nicht befolgt? Und um wie viel schwerer muß die Schuld eines Kindes der Kirche sein, welches offenbar die Wahrheit verachtet und schmähet, oder gar seine Mitchristen an der Wahrheit irre zu machen sucht und sie zum Abfalle verleitet! O, das ist ein Aergerniß in der Kirche Gottes; ein Aergerniß, für dessen Urheber und Verbreiter es besser wäre, daß, wie der Heiland sagt (Matth. 18, 6): Ein Mühlstein an seinen Hals gehängt, und er versenkt würde in die Tiefe des Meeres! Wer das Verderben der Seelen verschuldet, wie wird er solches wieder gut machen und der ewigen Verwerfung entgehen? Sollen wir nicht vielmehr Alle sorgsam bemüht sein, mit der Kirche und als ihre treuen Kinder auch unserer Seits die Wahrheit zu verkündigen, wo wir es vermögen? Der Irrglaube und Unglaube, die Lüge und Täuschung werden durch Schaaren von verkehrten Menschen verkündigt und verbreitet. Und wer steuert diesem Unheil und Verderben? Soll nur dieses geduldet werden? Hat die Wahrheit in Christo kein Recht mehr? Erweisen wir allen Menschen jene Liebe, welche der Heiland in Wort und Beispiel gelehrt hat. Lassen wir uns aber nicht einschüchtern durch Menschen, die weder Gott fürchten, noch ihre Mitmenschen lieben; sondern legen wir muthig das Zeugniß für die Wahrheit ab. Suchen wir von uns und von unsern Mitchristen das Verderbniß des Unglaubens nach Kräften abzuwenden und die Seligkeit in dem Glauben ihnen anschaulich zu machen. Das können und sollen wir durch unsern christlichen Lebenswandel, und wenn es unser Beruf, auch durch das Zeugniß für die Wahrheit und die Verkündigung der Heilslehre.

Eines können wir aber Alle thun für die Wahrheit, das Eine, in welchem Alles von Gott zusammengefaßt ist: wir können, wir sollen beten. O, so laßt uns denn vereint im Hause Gottes, und besonders in unserm Kämmerlein, in unserm Herzen beten, daß Gott die Fülle seines Segens über das allgemeine Concilium ausgieße, das zum Schlusse dieses Jahres seinen Anfang nehmen soll! Beten wir, damit der heil. Vater, als Statthalter Jesu Christi mit allen höhern Kräften ausgerüstet, damit die Bischöfe und alle zu dieser erhabenen Versammlung Berufenen auch dazu begnadigt dieses große wichtige Werk, mit dem Beistande des heil. Geistes beginnen, fortsetzen und vollenden zur Verherrlichung Gottes und seiner Kirche, zum Segen der ganzen menschlichen Gesellschaft für Zeit und Ewigkeit! Beten wir, damit, je bedrohlicher die Zeit in ihrer Verwirrung des Irdischen und in ihrer Gleichgültigkeit für das Ewige ist, desto reichlicher die Gaben des heil. Geistes ausgegossen werden, um das Angesicht der Erde zu erneuern! Beten wir, damit die Wahrheit in Jesu Christo wieder unter uns allerwärts zurückkehre, um uns den höhern Frieden, die wahre Freiheit und die heil. Liebe zu den Brüdern zu bringen und unter uns zu sichern! Beten wir, unter Anrufung der Fürbitte der allerseligsten, ohne Erbsünde empfangenen Jungfrau und Mutter Gottes Maria, der Apostel Petrus und Paulus und aller Heiligen! Beten wir, daß der Name Gottes geheiligt werde, daß das Reich Gottes zu uns komme, daß der Wille Gottes, unsers himmlischen Vaters geschehe, daß uns Allen, den Reichen und Armen unser Vater im Himmel das tägliche Brod gebe, daß er uns unsere Schulden vergebe, wie auch wir vergeben unsern Schuldigern, daß uns unser Vater im Himmel nicht in Versuchung führe, sondern uns erlöse von dem Uebel! Beten und bitten wir als fromme Kinder vertrauensvoll im Namen Jesu, und der Vater im Himmel wird, wie der göttliche Heiland, die eingefleischte Wahrheit verheißen hat, der Vater im Himmel wird uns geben, was wir bitten werden in diesem allerheiligsten Namen, hochgebenedeit in Ewigkeit. Amen.

Gegeben zu Speyer am Feste Petri Stuhlfeier in Rom (18. Januar) 1869.

† **Nicolaus**, Bischof.